KB042579

무역결제론

INTERNATIONAL TRADE
PAYMENT SYSTEMS

이봉수 · 정재환

박영사

머리말

　오늘날에도 가장 전형적인 국제거래는 물품매매를 중심으로 하는 무역거래이다. 무역거래에는 물품종류와 운송방법, 대금결제방법 등에 따라 여러 가지 형식이 있다. 그리고 국제적인 물품매매에 따른 은행, 운송, 보험 등의 거래가 동시에 이루어진다.

　무역은 그 자체만하더라도 국내거래보다 더 많은 불확실성을 내포하여 대형무역사고가 빈발하고 있다. 예를 들어 1조원이 넘는 매출을 허위로 만들고 이에 따른 수출서류를 위조하여 거액을 대출받았던 기업도 있었는가 하면, 신용장발행 후 지급불능된 사건도 많았다. 이러한 사건이 발생한 데에는 담당자들이 허위 수출현장과 서류를 검증하지 못한 책임이 컸다. 특히 수출채권 매입시 수출물품을 인수했다는 증빙서류나 거래계약서, 운송장, 선하증권 등 관련 기본 서류에 대한 검증만이라도 확실히 하였다면 피해를 모면할 수 있었을 것이다.

　이메일 해킹 무역사기도 지난해에는 150건에 달했다. 2016년에 어느 기업은 수출납품대금의 입금계좌가 변경됐다는 국제사기단의 이메일을 받고 확인도 하지 않고 물품대금 240억원을 송금하여 고스란히 피해본 적도 있다.

　이메일 무역사기는 해커가 스피어 피싱(Spear Phising) 메일을 무작위로 보내고 악성코드가 해당 컴퓨터에 들어가면 메일을 해킹하는 것으로부터 시작한다. 이후 협상을 진행하거나 위조된 선하증권을 발송하고, 송금관련정보를 위조해 자신의 범행용 계좌로 입금을 유도하여 제3국에서 돈을 인출하는 것이다.

　현재 무역보험공사에서는 해마다 거액의 보험금을 보험사고로 지급하고 있다. 그래서 정부당국과 무역협회 등에서도 무역보험관련한 사기나 범죄에 대응하기 위해 보험사기 전담조직을 만드는 등으로 노력하고 있다. 그러나 현실적으로 무역보험 관련사기 사건이 발생하여 수사기관에 의뢰하여도 해외에 거주하는 사기단이어서 속수무책일 수밖에 없다. 그렇다고 사전에 문제를 적발해내기도 어렵고 예방할 수도 없는 실정이다. 이러한 사건에 따라 중소수출기업들은 '무역보험공사의 수출 신용보증서 발급이 까다로워지게 됨에 따라 어려움을 겪고 있다.

특히 아쉬운 점은 무역사고를 방지하기 위한 매뉴얼이나 체크리스트가 없다는 점이다. 거액의 무역금융이나 대금결제가 진행되는 과정에서의 순서 및 방법을 표준화한 매뉴얼이나 체크리스트를 개발하여 담당자가 이를 기준으로 대출이나 결제업무를 했더라면 피해를 방지할 수 있었을 것이다. 일본의 미쓰비시 상사는 오래전부터 거액의 예산을 들여 200여 종의 무역리스크를 선별하고 그에 따른 관리와 측정을 병행하는 기업자체의 무역리스크관리 시스템을 구축하였으나, 이를 업계나 무역관련 기관들과 공유하지는 않고 있다.

학계에서도 이러한 무역사고를 인식하여 무역대금결제 및 신용리스크, 무역보험, 무역환경변화와 무역리스크, 환리스크 등의 다양한 범위에 걸쳐 연구가 진행되고 있다. 그러나 이러한 연구논문들이 이론과 법적인 측면에 치우친 면이 있어서 구체적이고, 현실적인 무역대금 결제사고에 대한 해결책을 제시하기에는 미흡한 것으로 보인다.

무역관련 기관과 무역업체의 임직원들도 무역사고와 사고발생가능성에 대한 인식은 있으나 구체적으로 이러한 리스크를 어떻게 관리할 것인가에 대해서는 준비되어 있지 않고, 사고발생 후의 대응에만 초점이 맞추어져 있는 실정이다. 이에 따라 다수의 중소형 무역업체들은 물론 대형 업체들의 무역사고가 앞으로도 빈발할 것으로 예상된다.

무역결제와 관련한 리스크 관리는 무역계약의 시점부터, 구매, 결제, 운송, 보험, 클레임, 상사중재 등 복합적이고 다면적인 무역리스크를 상세히 분석하여 이와 관련한 무역대금결제 리스크관리에 필요한 매뉴얼이나 체크리스트 등을 작성하는 것이 우선이다.

이 책을 통해 수출입 기업들이 무역대금결제 리스크를 정확하게 인식하여 적절한 대응을 하는 데 기여할 것으로 본다. 나아가 무역사고와 관련한 국내외 사례 및 대처방안을 위한 최신의 매뉴얼과 체크리스트를 만드는 데 일조하고자 한다.

마지막으로 어려운 출판현실에도 흔쾌히 이 책을 세상에 내놓게 해준 박영사 임직원분들께, 특히 장규식 과장과 교정을 해준 전채린 과장께도 감사드린다.

2020년 8월
이봉수, 정재환

차례

CHAPTER
01
무역결제의 특징과 현황

CHAPTER
04
환율변동과 무역결제

CHAPTER
05
전자무역결제

CHAPTER

06
무역클레임과 결제리스크관리

무역결제의 특징과 현황

01 무역의 특징

무역은 당사자가 다른 국가의 국적을 가지고 있고 다른 국가에 영업의 본 거지를 두고 있기 때문에 국내거래와는 다른 다음과 같은 특징이 있다.

(1) 2개국 이상의 국가법이 적용

한국의 자동차회사가 미국으로 자동차를 수출하는 경우, 그 수출거래에는 한국법이 적용될 것인가 혹은 미국법이 적용될 것인가 하는 문제가 있다. 예를 들어, '차량안전기준'이나 '환경기준' 및 '제품의 결함에 의해서 생긴 손해배상' 등은 미국과 한국이 각기 다를 수 있다. 이와 같이 국제거래에서는 2개국 이상의 국가법이 관계하는 경우가 일반적이다. 따라서 당해 거래에 어느 나라의 법이 적용되는가는 거래당사자에 있어서 매우 중요하다.

(2) 각종 조약에 의한 법의 통일

무역거래에 있어서는 각국법이 다르기 때문에 양국(兩國) 간 또는 다수국 간의 조약으로 조정되거나 통일되고 있다. 따라서 그러한 조약이나 통일규칙이 있는 경우에는 국내법뿐만이 아니라 국제적인 조약이 어떻게 적용되는가를 고려하여야 한다.

(3) 국제적인 관습이나 관행

국내에서의 상거래와 같이 국제거래에서도 각각의 거래 분야에 따라 독특한 관습이나 관행이 있다. 국제적인 거래관습이나 관행은 국내거래에서보다 더욱 중요하다고 볼 수 있다. 예를 들어 해상운송보험의 분야에서는 전통적인 해상운송 및 보험시장의 역사를 가진 영국의 법률과 관습이 현재에도 세계적인 권위를 인정받고 있다. 그래서 보험증권의 약관에는 영국의 법과 관습에 의한다는 규정이 기재되어 있다.

(4) 커뮤니케이션의 어려움

무역은 법률이나 언어, 관습 등이 다른 다양한 당사자 간에 행해지기 때문에, 계약해석이 어려워 클레임이 발생할 리스크가 많다. 그래서 각국의 법제도나 해석이 다르기 때문에 예상치 못한 분쟁으로까지 발전할 수도 있다. 따라서 무역은 국내거래 이상으로 분쟁의 발생에 대한 대책이 더욱 필요하다. 그래서 국제계약에서 분쟁을 발생시키지 않기 위해서는 가능한 한 상세한 계약서를 작성하는 것이 필요하다. 특히 각자의 권리·의무를 객관적으로 명확히 정리해 두는 것이 중요하다.

(5) 국제적인 상사(商事)분쟁

국제사회에는 사법(私法)상의 법률문제에 관하여 재판하는 국제적인 재판기관이 없다. 예를 들어 한국의 회사와 미국의 회사 사이에 분쟁이 생긴 경우에 한국이나 미국, 아니면 제3국의 법원에서 재판할 것인가를 정하는 국제적 재판관할권의 문제가 발생된다. 어느 국가의 법원에서 재판을 하는가에 따라 적용되는 법이 다르며, 경우에 따라서는 판결도 다르게 될 불확실성이 있다. 나아가 당사자가 어느 국가에서의 재판을 하더라도 법원이 소송을 기각하는 경우가 있다. 또한 국내사건의 경우와는 달리 법원에서 판결을 받았다하더라도 타국에서 당연히 강제집행이 될 수 있을 것인가에 대한 외국판결의 승인·집행의 문제가 있다. 피고가 판결국가의 재산을 소유할 수 없도록 하는 경우에는 분쟁해결의 실효성의 문제도 생긴다. 이외에도 무역이익에는 국제적인 과세가 포함되므로 이를 감안하여 거래하여야 할 것이다.

이와 같이 법원의 판결에 의한 분쟁해결에는 여러 가지 문제점이 있기 때문에 국제거래에서는 법원 이외의 분쟁처리 절차인 국제상사중재원의 이용이 권장되고 있다. 중재는 분쟁해결을 제3자에 위임하는 것이지만, 국제거래에 관하여는 세계적인 상업단체에 의해 조직된 중재조직과 중재제도가 정비되고 있는 추세에 있다.

SUMMARY

무역거래는 기본적으로 일반적인 국내거래와 크게 다르지 않다. 그러나 다른 국가의 거래자와 재화의 해외이동 등 무역거래의 고유한 특징들을 가지고 있다.

무역거래는 2개 이상의 국가에서 다른 언어를 가지고 하는 상행위로서, 매도인과 매수인이 속한 국가의 관련법, 즉, 2개 이상의 관련법이 적용된다. 이렇게 상이한 각국의 관련법으로 인한 무역거래의 혼란을 줄이기 위해, 국제적으로 특정 조약이 체결되어 왔다. 조약은 무역거래의 명확성을 높이고 차후 생길 수 있는 분쟁을 미연에 방지할 수 있다. 조약을 통한 무역거래의 체결뿐만 아니라, 전 세계적으로 통일된 규정을 통해서 무역거래의 신속성과 명확성을 높일 수 있다. INCOTERMS 2010, 신용장 통일규칙 등 무역거래의 통일규칙 등이 대표적 예라고 할 수 있다.

여기서 특징적인 점은 무역거래 주체, 즉 수출상과 수입상의 상관습과 관행이 무역거래에서 통용된다는 것이다. 국제적인 거래관습이나 관행은 국내거래에서 더욱 중요하다고 볼 수 있다. 예를 들어 해상운송보험의 분야에서는 전통적인 해상운송 및 보험시장의 역사를 가진 영국의 법률과 관습이 현재에도 세계적인 권위를 인정받고 있다. 그래서 보험증권의 약관에는 영국의 법과 관습에 의한다는 규정이 기재되어 있다. 이와 같이 무역거래에 있어서 당사자 자치의 원칙이나 해상보험증권의 약관은 무역의 상관습 및 관행을 명시적으로 구체화하여 무역거래 현장에서 적용되고 있다.

이와 같은 무역거래의 특징을 정확히 파악하고 무역현장에서 잘 활용한다면 무역거래를 원활하게 완수할 수 있을 것이다.

02 무역법규와 규정

세계 각국은 국제거래에 대하여 여러 가지의 법적인 규제를 가하고 있다. 이를 공법적(公法的) 규제라 할 수 있다. 당사자들은 거래에 합의하였다 하더라도 이를 준수하여 거래를 진행시켜야 한다. 그러나 이러한 규제는 그 나라의 경제정책이나 통상정책을 반영하고 있기 때문에 국가별, 시대별로 각각 다르고 형태도 매우 다양하다.

예를 들어 한국의 전자제품을 미국으로 수출하는 데는 여러 가지의 법규가 적용된다. 먼저 어느 나라의 민법(民法) 또는 상법(商法)에 따라 매매계약을 체결할 것인가가 문제된다. 다음으로 계약의 이행에 관한 법규의 문제가 따르게 된다. 매매계약이 체결된 후에도 각국의 외환거래법이나 통상법과 같이 수출입 거래에 관한 법규를 준수하여야 한다. 당사자 간에 분쟁이 생긴 경우에는 분쟁을 해결하기 위한 법적인 수속절차에 관한 법률문제가 제기될 수도 있다.

그러나 국가마다 국제거래를 규율하는 법률에 차이가 있으면 거래활동에 대한 예측이 불가능하여 그에 따른 리스크도 증가할 수 있다. 이러한 사정 아래 국제거래에 관한 통일법이나 국제적인 상관행(商慣行)을 통일시키거나, 법적인 면에서 국경을 초월한 협력이 필요하다.

••• 국제계약

기업거래는 국내와 국제거래를 막론하고 원칙적으로 계약을 기본으로 이행된다. 그러나 계약은 나라마다 큰 차이가 있다. 유럽, 특히 미국과 중국을 비롯한 동남아시아의 차이는 현저하다. 유럽 및 미국인들은 타국에 비해 법의식이나 권리의식이 높다. 비즈니스에 한하지 않고 일상으로 분쟁이 발행되어 해결을 소송으로 하는 데 저항감이 없다. 또한 변호사의 수도 많고, 배심원제도나 증거제시 및 집단소송 등의 제도도 정비되어 있지만 배상액은 상당히 고액이다. 더욱이 미국인들은 계약서에 이와 관련한 케이스를 상정하여 대응할 수 있게 상세하게 작성하는 경향이 있어서 계약서는 상당히 많은 분량으로 작성될 수 있다. 특히 미국인은 다양한 민족적 다양성이 있고 또 대륙법계에는 제정되어 있는 법을 중심으로 하는 데 대해 영미법계에는 판례법을 중심으로 하는 다양한 상황을 해결법을 계약에서 정하고 있다.

이에 따른 성실협의조항은 본계약에 정하지 않은 사항과 계약 해석에 의문이 생기는 경우에는 양 당사자는 성실하게 협의하여 해결하는 것을 뜻한다. 이러한 현상을 영미법계를 포함한 국제계약에서 대부분 볼 수 있다.

국제거래를 실제로 규율하는 법규는 각국의 사법(民法, 商法 등)과 공법(外換去來法, 獨占禁止法 등), 국제사법(國際私法), 절차법(民事訴訟法 등), 그 밖에 2국 간 또는 다수국 간의 조약을 중심으로 한 국제법 등의 광범한 분야가 포함되어 있다. 각국의 국내법 가운데 민법이나 상법 등은 국제거래를 위하여 입법되지 않았지만, 국제거래에 적용되는 경우에는 국제거래법으로서 기능을 하

그림 1-1 무역결제에 적용되는 법과 규정

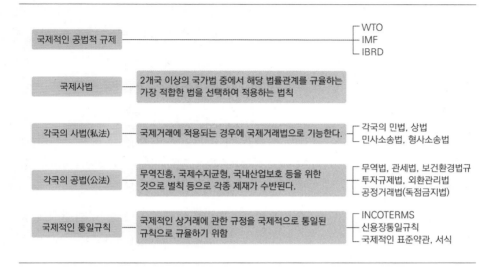

게 된다.

　이에 대해 사법, 통일사법, 무역을 규제하는 공법적 규정 등은 주로 국제적인 거래를 대상으로 한 것이다. 또한 국제거래에 있어서는 각종 민간기구에 의해 형성된 자주적 규범으로서 매매계약당사자의 권리와 의무를 제한하는 형태의 통일규칙이나 표준약관이 중요한 역할을 하고 있다.

　세계 각국은 기본적으로 자유무역을 천명하고 있지만, 실제로는 외국환거래법 및 대외무역법, 수출입규제법, 수출검사법 등으로 국제거래에 대해 규제를 가하고 있다. 수출을 관리하는 법규에 의하면, 특정 국가와의 거래 또는 특정 상품이나 특정 계약의 경우 관계당국의 수출승인을 필요로 하기도 한다. 철광석, 곡물, 목재 등의 원료는 국내수급의 안정을 확보하기 위하여 거래가 제한되기도 하는 품목이다. 무기 등을 비롯한 군수물자나 원자력제품, 통신기기 등은 전략적으로 수출입규제대상이 되는 품목이다. 섬유류, 기계류 등 수입이 일정량 이하로 제한되는 쿼터로 묶여 있는 품목도 있다.

　UN결의에 의해 경제제재를 목적으로 특정국으로 상품수출을 금지하거나 규제하는 수도 있다. 위조통화, 마약, 국보, 상대국에 대한 특허위반의 상품 등은 금수품(禁輸品)으로 규제된다.

특정 지역을 향한 특정 상품에 대해서는 과당경쟁을 방지하기 위하여 수출조합을 결성하여 가격, 수량, 품질, 디자인 등에 협정을 맺는 경우도 있다. 이는 각기 다른 기업들이 동일한 리스크를 가격경쟁방지나 일정생산량 이상은 수출을 금지하는 등의 협정을 맺어 리스크를 제거하는 것을 말한다.

상품을 수출하기 위해서는 관계조합의 수출거래승인을 필요로 하는 경우가 있다. 이는 가격 및 생산과 수출을 제한하기 위하여 가격협정이나 거래협정 및 생산제한 등에 의하여 과당경쟁의 리스크를 제거하기 위한 수단이라 할 수 있다.

외국환관리법에 의하면 자국(自國)의 기업이 발행한 어음을 무역결제대금으로 지급하여 이를 외국에서 수령하는 것은 금지되어 있는 경우도 있다. 수출대금과 수입대금을 상계할 때에는 정부의 수출승인을 받아야 하는 수도 있다. 수출검사법에는 불량품의 수출을 방지하기 위하여 품질이나 포장에 대한 검사기관의 검사를 받아 수출검사증명서를 첨부해야 하는 품목도 있다. 그 밖에, 양곡관리법, 문화재보호법, 마약관리법 등에서 보는 바와 같이 당국의 수출입허가를 받아야 하는 상품도 있다.

(1) 국제사법(國際私法)

한국과 미국의 전자회사가 중국에 합작회사를 설립하기 위한 계약을 일본에서 체결했다고 하자. 분쟁이 발생할 경우에 한국법, 미국법, 중국법 가운데에서 어느 나라의 법을 적용하여 판결을 내릴 것인가. 이때는 가장 밀접한 관계에 있는 법, 계약체결지의 법으로 일본법을 적용하여 문제를 해결하도록 하는 것이 국제사법에 의한 규정이다.

국제사법은 각 국가마다 각기 다른 법질서가 존재한다는 것을 전제로 하여 여기에서 발생되는 법률관계에 적용할 수 있는 법률을 결정하는 법이라 할 수 있다. 구체적으로 국제사법이란 섭외적(涉外的)인 법률관계와 관련한 여러 국가의 법 가운데 당해 법률관계를 규율하는 것에 가장 적합한 법을 선택하고 그것을 적용함으로써 실질적으로 그 법률관계를 규율하는 것이라 할 수 있다. 즉 2개국 이상의 국가법 가운데에서 당해 법률관계에 적용되어야 할 법을 선택하는 법칙이 국제사법이다.

현재의 국제사법은 각국의 국내법으로서 존재하고 있다. 따라서 어느 국가에서 재판이 행해지는가에 따라 준거법도 다르게 된다. 국가에 따라 판결도 다르게 나타날 수 있다는 것이다. 그렇기 때문에 국제적인 사회생활에서의 국제사법의 임무는 아직도 충분하다고 볼 수 없는 것이 현실이다.

(2) 통일규칙

무역결제에는 수출상과 수입상뿐만 아니라 은행이나 보험회사 및 운송회사 등의 관계당사자들이 많다. 이들이 무역결제를 수행하는 데에는 세계 각국의 법률이 통일되어 있는 것이 바람직하다. '선하증권통일규칙'이나 '국제항공운송에 관한 바르샤바 조약' 등은 그러한 내용으로 통일되어 있는 법률체계라 할 수 있다. 예를 들어 신용장이나 선하증권상의 내용에 따른 분쟁이 발생되어 소송이 제기되었다면, 여기에 따른 '신용장통일규칙'이나 '선하증권통일규칙'에 따라 판결이 내려지게 된다.

그러나 이는 지극히 제한된 범위에 그치고 있다. 대륙법과 영미법과 같이 법제도가 다르고, 해운국과 비(非)해운국, 선진국과 개발도상국 등의 국가 간의 이해가 충돌하기 때문에 해결하기가 곤란한 문제가 많기 때문이다.

그래서 국제거래에 관한 분야의 법률을 전 세계적으로 통일할 수 있을 것이라 기대는 하기 어렵다. 물론 일정한 성과를 거두고 있는 분야도 있기는 하다. 국제연합을 중심으로서 다수의 통일조약이 작성되고 있는 점을 보면 법통일을 위한 노력이 있다는 점을 짐작할 수 있을 뿐이다.

통일규칙의 예를 들면 각국의 법률이나 국가 간에 정한 여러 조약 외에 국제적인 민간단체에 의해 작성된 '거래조건과 그 해석에 관한 통일규칙'이 있다. 국제상업회의소(ICC)가 작성한 '정형거래조건의 해석에 관한 국제규칙'인 '인코텀스'(INCOTERMS)나 '하환신용장(荷換信用狀)에 관한 통일규칙 및 관례'(Uniform

Customs and Practice for Commercial Documentary Credits) 등이 있다.

　　이들 통일규칙은 일정한 거래 분야에 있어서의 상관습이나 상관행을 정리하고 그것을 통일시켜 명확하게 정리한 것이지만, 실제의 무역거래실무에서는 실질적인 통일법으로서의 역할을 담당하고 있다.

　　신용장통일규칙도 컨테이너 운송이나 국제복합운송의 보급 등에 따라 여러 번의 개정을 거쳤다. 현재에는 세계의 다수의 은행이 신용장의 개설에 맞추어 통일규칙의 승인을 조건으로 하고 있기 때문에 신용장에 의한 결제는 사실상 거의 모두 신용장통일규칙에 의하여 규율되고 있다고 할 수 있다.

(3) 표준약관(標準約款)

　　표준약관은 정형적인 계약서 서식이나 일반거래약관 등을 사전에 작성하여 개별거래에 사용하는 것을 말한다. 계약이나 거래를 표준화시켜서 기업의 잠재적 리스크를 한정시키고 억제할 수 있기 때문이다. 특정 업계와 단체 등에서는 이러한 표준계약서식이나 표준약관 등을 이용하여 국제계약서를 작성하고 있다. 따라서 표준약관도 실질적인 통일법의 기능을 맡고 있다고 할 수 있다.

　　인코텀스나 신용장통일규칙은 계약당사자들이 계약서식이나 표준약관들을 원용(援用)하거나 또는 직접 사용함으로써 적용된다. 예를 들어 인코텀스는 '본 계약에서 F.O.B., C.I.F. 및 C.F.R.의 용어의 해석은 2000년 인코텀스에 의한다'로 원용함으로써 적용되고, 표준약관은 당사자가 해당약관을 사용하여 계약을 체결하는 것으로 적용된다.

　　이와 같이 계약당사자들은 국제사법에 의해 계약의 준거법으로 지정된 국가의 강행규정(强行規定)에 반하지 않는 한, 통일규칙을 원용하거나 표준약관 등을 사용하여 계약할 수 있다. 따라서 이들의 통일규칙이나 표준약관은 실질적인 통일법으로서의 기능을 맡고 있다고 할 수 있다.

　　통일규칙과 표준약관 등은 국제적인 민간기구들이 매매계약당사자 간의 분쟁과 리스크를 방지하기 위하여 작성한 자주적 규범으로 볼 수 있다. 계약이나 거래를 표준화하여 매매계약당사자들의 잠재적인 리스크를 한정시키고 억제시킬 수 있기 때문에 국제거래를 안전하고 원활하게 수행하는 효과를 거둘 수 있는 것이다.

(4) 공법적(公法的) 규제에 관한 국제법

국제거래를 규제하는 국내법규들은 주로 국내에서의 거래활동을 대상으로 하고 있다. 예를 들어 국내 특정 물품을 수출하는 경우에는 사전에 수출허가를 받도록 규정한 대외무역법의 경우를 들 수 있다. 그러나 기업의 활동이 세계화됨에 따라 자국에서만 국제거래를 규제하는 것으로는 그 법규의 목적이 달성되지 못하는 상황이 발생되고 있다. 예를 들어 미국, 독일, EU 등에서는 수출상대국이 자국의 수출상품에 대한 차별조치를 취하는 경우에 자국의 법규정을 적용할 수 있다는 입장을 취하고 있다(域外適用).

03 국제거래의 규제에 관한 대표적인 조약

자국의 법규를 국제적인 거래활동에 적용하는 경우에는 외국의 법정책과 대립하여 충돌하는 문제가 발생된다. 이를 해결하는 방법은 우선 국가 간의 협의나 조약에 의해 법적용에 따른 충돌을 조정하는 것이 바람직하다. 그래서 미국에서 주장되고 있는 '합리성의 원칙'이나 국제법상의 '불간섭원칙'에 기초하여 입법관할권의 행사를 제한하는 견해와 같이 합리적으로 한계를 짓는 안이 모색되고 있으나, 아직까지 국제적으로 확립된 원칙은 보이지 않고 있다.

국제거래의 규제에 관하여 각국은 양국 간 및 다수국가 간의 조약을 체결하는 것에 의해 국가 간의 이해를 조정하고 국제적인 통상이 안전하고 원활하게 수행하도록 노력하고 있다. 그와 같은 국제거래의 규제에 관한 대표적인 조약은 다음과 같은 것이 있다.

(1) WTO

WTO는 GATT를 발전적으로 계승하면서 그 기능을 다음과 같이 한층 더 강화시켰다. GATT가 국제조직으로서의 법적 기반이 약했던 것에 대하여, WTO는 정규의 국제기관으로 설립되었다. 종래의 GATT는 조직적으로 정비·확충되어 WTO에 인계되었고, 그동안 잠정적으로 적용되었던 GATT의 실체규정도 새롭게 바뀌어 확정적인 효력을 부여받았다.

(2) 통상항해조약(通商航海條約)

국가 간의 통상·항해에 관한 기본적 사항을 정하는 국가 간의 조약이 통상항해조약이다. 조약의 내용은 각국의 사정에 따라 다르지만, 통상·항해의 자유와 관세에 관한 협정을 포함하는 것이 일반적이다. 이 조약에 의해 양국 국민은 상대국에 대해 입국, 거주, 사업활동, 재산취득 등이 보장된다. 조세, 투자보호, 항공운송 등 개별적인 분야를 대상으로 한 조약도 체결되고 있다.

(3) 세계평화와 안전보장에 관한 조약

세계의 평화를 유지하기 위하여 대량살상무기나 병기(兵器)의 무역을 금지하는 조약을 말한다. 안전보장의 국제적인 조직으로서 대량살상무기에 관한 관리체제에 관하여 ① 핵확산방지조약(NPT; Nuclear Non-proliferation Treaty), ② 원자력공급국그룹(NSG; Nuclear Suppliers Group), ③ 생물무기금지조약 (Biological Weapons Convention), ④ 화학무기금지조약(CWC; Chemical Weapons Convention), ⑤ 미사일기기·기술수출규제(MTCR; Missile Technology Control Regime) 등이 있다. 이러한 조약들은 조약가맹국에 있어서 여러 가지 국내법에 반영되어 국제거래에 적용된다.

(4) 지적재산권보호에 관한 조약

국제거래를 원활하게 하기 위해서는 국제적인 협력관계가 필요하다. 특히 특허권, 상표권, 의장권, 저작권 등의 지적재산권의 분야에는 권리자의 지적 창의성이 권리의 대상이 된다. 이는 실체가 존재하지 않는 권리이기 때문에 국경을 넘어 쉽게 유포되어 해당권리를 침해하는 성질이 있다. 그러나 지적재산권에 관한 법률이 국가마다 그 내용이 다르기 때문에 복잡한 문제가 발생된다. 이러한 문제 때문에 국제적으로 조직되어 실행되고 있는 조약은 다음과 같다.

공업소유권에 대해서는 내국민대우, 특허권 독립의 원칙 및 출원자우선권제도라는 기본원칙을 합의한 파리조약이 중요하다. UN산하의 전문기관으로서 WIPO는 세계적인 지적재산권의 보호를 촉진하기 위하여 행정적 협력을 촉진하는 목적으로 관리업무를 목적으로 하고 있다.

WTO설립협정의 일부인 TRIP협정에는 집적회로의 회로배치라는 새로운 분야를 포함한 광범위한 범위의 지적재산권에 관한 권리행사에 관한 내용이 정비되어 있다.

(5) ICC(국제상업회의소)의 무역규칙의 적용

국제상업회의소(ICC; International Chamber of Commerce)는 민간단체이지만 세계 각국의 상공회의소의 국제적인 조정기구로서 기능하고 있다. ICC는 국제거래에 관한 통일된 규칙을 만들고 공표하고 있다. 이러한 규칙은 대부분의 국제거래에 적용되고 있다.

ICC는 제1차 세계대전 종결 후 유럽의 산업과 경제부흥을 목적으로 자유로운 국제통상을 실현하기 위하여 1920년에 창립되었다. ICC활동은 ① 국제무역(상품·서비스)과 국제투자를 촉진하고, ② 기업 간의 자유롭고 공정한 경쟁원리에 의하여 시장경제시스템을 발전시키는 것, ③ 세계경제와 관련한 환경이나 사회문제 등에 대한 조언을 목적으로 하고 있다.

이러한 활동의 목적의 일환으로서 UN이나 국제조약에서의 국제기구에 대해 민간의 입장에서 정책을 조언하고 있다. 또한 국제거래관습에 관한 공통의 규칙을 추진하고 있다. 더욱이 국제적인 상사분쟁의 해결에 적극적으로 관여하여 중재규칙을 정하고 중재기구를 만들고 있다. ICC의 사무국본부는 파리에 있다.

한국도 대부분의 나라들과 마찬가지로 헌법상의 규정과 기타 여러 법규에 의하여 정부가 대외무역에 직·간접으로 깊이 관여하는 무역관리제도를 실시해 왔다. 헌법 제126조에 의하면 '국가는 대외무역을 육성하여 이를 규제·조정할 수 있다'라고 규정하여 무역관리의 법적 근거를 명시하고 있다. 대외무역법 제1조에서도 '대외무역을 진흥하고 공정한 거래질서를 확립하여 국제수지의 균형과 통상의 확대를 도모함으로써 국민경제의 발전에 이바지함을 목적으로 한다'라고 규정하고 그에 따른 구체적인 법적 근거를 명시하고 있다.

1986년에 대외무역법을 제정하여 무역관리의 근간을 이루었는데, 이 법은 화물의 수출입에 관하여 자유원칙의 입장을 규정하고 있지만, 특정 거래에 관하여는 규제를 행할 수 있게 하고 그 구체적인 규제의 실시는 대통령령(令)으로 광범하게 위임하고 있다.

외국환관리에 관한 법규로서 무역 이외의 국제거래, 즉 국제투자나 저축·

그림 1-2 한국의 무역·외환관리에 관한 주요 법령체계(法令體系)

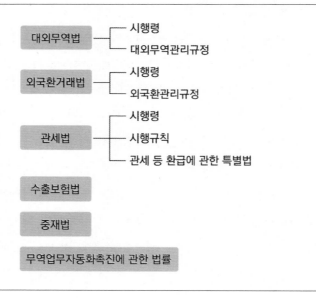

대부 등의 자본거래, 노동과 서비스의 제공을 목적으로 하는 거래, 중개무역, 기술도입 등에 관하여도 외환법에 의한 규제도 있다.

• • • 국제거래와 관련한 법규와 국제법 및 국제경제법과의 관계

국제법은 국제거래법과는 다르다. 국제법이란 국가와 국가를 규율하는 법 분야로서 개인 간, 기업 간의 권리·의무에 대해서 정해진 것이 아니다. 그러나 국가가 조약을 체결하여 조약에 가맹한 나라에 소재하는 개인 간이나 기업 간의 권리와 의무를 규율하는 것이다. 글로벌화에 따라 여러 가지 국제법이 국제거래에 관여하고 있다.

무역에 관한 2개국 간 조약인 통상항해조약이나 WTO협정, 지적재산권에 관한 조약, 조세(租稅)조약, IMF협정 등은 국가와 국가와의 관계에 있어서 국제경제법의 분야라고 볼 수 있다. 이러한 국제경제법의 분야는 공적인 관점에서부터 국제경제질서의 확립이나 유지를 목적으로 하여 국제적으로 거래하는 기업의 활동에 크게 관여한다.

기업의 경제활동은 '당사자 자치의 원칙', '계약자유의 원칙'으로 이루어지고 있지만 국제법, 국제경제법의 범위에서는 이러한 원칙이 제한되고 있다. 이러한 규율을 지키지 않는 거래는 무효가 되어 벌금이나 형사처벌의 대상이 되는 리스크가 따른다.

01 무역서류작성의 목적

수출상이나 수입상 등의 당사자들은 운송 중에 있는 물품의 소유권이나 리스크가 이동하는 시점을 무역서류를 통해 확인하고 증명할 수 있다. 예를 들어 F.O.B. 가격조건의 계약이라면 수출물품이 선박에 적재되는 순간에 수출상에서 수입상으로 소유권과 리스크가 이전된다. 무역서류는 특히 수출상이 수출대금을 회수하는 데 가장 중요한 역할을 한다.

(1) 수출상(Exporter)

수출물품을 선적하고 세관을 통과하는 등의 거래가 진행되는 과정을 무역서류를 보고 알 수 있다. 수입상과의 매매계약조건에 따라 수출물품을 조달하고 이를 운송하는 과정에서 관계당사자와 관련기관의 지시나 정보내용을 파악하고, 그에 적합한 서류를 작성하여 수입상에게 송부하거나 네고은행에 제출하여 수출대금을 지급받을 수 있다.

(2) 수입상(Importer)

수입하려는 물품이 매매계약조건대로 조달되고, 선적되었는가를 알 수 있고, 세관까지 무사하게 통과하여 정확하게 인수할 수 있을 것인가를 서류상의 기록을 보고 파악할 수 있다.

(3) 선박회사 및 운송주선업자(Shipping Company or Freight Forwarder)

물품이 운송되는 과정에 대한 기록으로서, 물품을 어떻게 선적하고, 어디로 운송하며, 누구에게 화물을 인도하여야 하는가에 대한 지시사항을 파악하고 그에 맞게 운송하는 데 필요하다.

(4) 은행

수출상과 수입상 간에 대금결제를 위해 필요한 서류를 작성하고 확인하며, 당사자 간에 분쟁이 발생할 경우에 그에 따른 내용을 파악할 수 있다.

(5) 보험회사

선적하거나 운송 중의 물품에 어떠한 리스크가 있을 것인가를 평가하여, 물품이 사라지거나, 훼손되었을 경우의 클레임 등에 관한 사항을 조사하여 보험료를 산정한다.

(6) 수출국 및 수입국의 관계기관

물품 수출입에 대한 통계와 센서스 정보를 제공받고, 건강 및 안전과 관련한 수출입국의 규정을 조사하여 수출입관세와 각종 수수료를 산정한다.

02 무역서류의 4가지 카테고리

무역서류는 수출입이 이루어지는 과정에서 회계, 운송, 대금결제, 허가, 검사 등에 필요한 서류이다. 특히 선하증권은 관계당사자들이 많아서 여러 장을 카피하고 원본은 오리지널로 표시한다.

(1) 상거래 서류(Commercial Document, Transaction Document)

상거래 서류는 수출상과 수입상이 특정 물품을 매매하기 위하여 당사자 간의 합의에 의해 발생된다. 매매당사자뿐만 아니라 물품의 특성에 따라 여러 가지 형식이 있다. 매매계약이 체결되기까지 일반적으로 발생되는 서류는 대체로 다음과 같다.

- 견적의뢰(Request for Quotation, Letter of Inquiry)
- 견적(Quotation)

- 견적송장(Pro Forma Invoice)

- 거래조건(Terms and Conditions of Sale)

- 주문서(Purchase Order)

- 주문확인(Order Acceptance and Confirmation)

- 매매계약(Sales Contracts)

- 송장(Commercial Invoice)

(2) 네고서류(대금결제서류; Banking Document)

대금결제에 참가하는 은행들이 요구하는 서류이다. 내용과 형식은 각 당사자인 수출상과 수입상에 따라 각기 다르다.

(3) 운송·보험서류(Transportation and Insurance Document)

선박회사, 항공회사, 바지선(Barge Operator), 운송주선업자(Freight Forward, Logistics Company), 보험회사들이 목적지까지 물품을 운송하기 위하여 작성하는 서류이다. 가장 중요한 서류는 선하증권이다.

···하환어음

수출상이 대금을 회수하기 위하여 상품을 운송한 뒤에 그 증거로서 운송인으로부터 선하증권 또는 운송화물인수증을 수령한다. 운송증권에서 특히 선하증권은 수입상이 운송인으로부터 화물을 인수하기 위하여 반드시 제시하여야 하는 서류이다. 따라서 수출상은 상업송장이나 보험증권과 함께 운송증권을 송부할 필요가 있다.

(4) 각종 수출입 절차관련 서류(Formalities Document)

수출국 또는 수입국 정부 및 기관이 공식적으로 요구하는 서류이다.

- 수출입 라이선스(Export/Import License)

- 선하증권(Bill of Lading)

- 상업송장(Commercial Invoice)

- 원산지증명서(Certificate of Origin)
- 수출입신고서(Export/Import Declaration)
- 검사증명서(Inspection Certificate)
- 해상보험증권(Insurance Certificate)

이외에도 천연자원, 전략물자, 방사선물질, 보건위생 등의 특정 조건에 따라 필요한 서류가 있다.

03 수출거래의 일반적인 흐름(flow)

수출상과 수입상 간의 상거래 과정에서 발행되는 서류는 서신, 국제전화, 팩스 그리고 이메일 메시지 등을 통해 전달되며, 대체로 다음과 같은 순서로 진행된다.

A. 수입상은 원하는 물품 또는 관심을 가지고 있는 비즈니스에 대한 견적 의뢰서(Request for Quotation, Letter of Inquiry)를 수출상에게 보내 견적 을 의뢰한다.

B. 수출상은 제품, 수량, 스펙(Specification), 가격, 기타 거래조건 등을 포함한 내용의 견적서를 수입상에게 보낸다. 이 중에서 RFQ 견적서 (Request for Quotation)는 수출물품이 수출상의 제품공급라인에 있는 경우에 보내는 견적서이며, RFP 견적서(Request for Proposal)는 수출물 품이 수출상의 제품공급라인에 있지 않고 명세서(Specification)만 있어 서 각각의 주문에 따라 제조해야 하는 상태의 물품인 경우에 보내는 견적서이다.

C. 수출상과 수입상은 견적사항의 내용에 대해 상담을 진행하여 거래를

확정(confirm)시키면 대체로 다음과 같은 과정이 진행된다.

① 수입상은 승낙서(Letter of Acceptance) 또는 사인이 된 주문서(Order Form)를 작성하여 수출상에게 보낸다.

② 수출상과 수입상은 매매계약서(Contracts for the Sale of Goods)를 각각 작성하여 사인을 한다.

③ 수출상은 수입상이 개설의뢰하여 수입상거래은행이 개설한 신용장을 통지은행을 통하여 입수한다.

④ 수출상은 제조업체에 발주를 의뢰한다(자체공장이 없는 경우).

⑤ 해상운송을 위한 보험 또는 수출보험에 부보한다(CIF가격조건의 경우).

⑥ 수출상은 세관에 수출신고를 하고 수출허가를 받는다.

⑦ 수출상은 본선에 물품을 선적하고 선하증권(B/L) 또는 운송장(Air Way Bill)을 발급받는다.

⑧ 수출상은 환어음 및 선적서류를 네고은행에 매입의뢰하고 수출대금을 회수한다.

⑨ 수출상은 수출물품을 제조한 업체에 물품대금을 지급한다.

04 수입거래의 일반적인 흐름(flow)

수입거래는 대체로 다음과 같은 순서로 진행된다.

① 수입상은 수출상에게 견적을 의뢰한다.

② 수출상은 견적서를 수입상에게 보낸다.

③ 수출상과 수입상은 견적사항에 대한 내용에 대해 협상한다.

④ 수입상은 승낙서(Letter of Acceptance)나 사인이 된 주문서(Order Form)를 수출상에게 보낸다.

⑤ 수입상은 수출상과 수입계약을 한다.

⑥ 수입상은 자신과 환거래계약을 체결한 은행에 신용장개설을 의뢰한다.

⑦ 국내법과 규정에 따른 수입허가 및 승인 등의 절차를 취득한다.

⑧ 해상운송을 위한 보험에 부보한다(F.O.B., C.F.R., F.C.A. 등의 계약조건의 경우).

⑨ 신용장개설은행에 수입상품 대금을 지불하고 선하증권 등을 비롯한 선적서류를 인수한다.

⑩ 선박회사에 선하증권(Sea Waybill 또는 Air Way Bill)을 제시하고 물품을 인수하는 동시에 보세장치장에 보관한다.

⑪ 세관에 수입신고 및 수입허가를 취득한다.

⑫ 최종수요자에게 물품을 납품하고 대금을 지급받는다.

05 무역서신 사례

Model Letter No.1

Application for Agency(수입상의 거래제의)

We have learned from the Hong Kong Chamber of Commerce that you are one of the leading of Korean that you willing to establish a sole agency here with a view to opening up a new market for your products. We are therefore writing you as we are very interested in entering into business with you.

For your information, we have been importing many kinds of Korean products since 1955, especially home appliances and general merchandise, and distributing them effectively. We have close connections with many domestic wholesalers and retailer nationwide. Our market research department reported that the market is expected to be very active and there will be a large demand for your goods. So we are in a position to place a large order with you.

If you are interested in doing business with us, please send us the terms and conditions of your Agency Agreement.

For any information concerning our standing and reputation, please refer to the Bank of Hong Kong, Hong Kong.

We look forward to your early and favorable reply.

Yours very truly,

Model Letter No.2

Reply to the Foregoing(수출업자로부터의 답신)

Dear Sirs

Thank you very much for your letter of August 22 expressing your eagerness to enter into business connections with us. We understood from your letter that you are interested in making an agency agreement with us. As your market research shows, market conditions are increasingly active and there would be a great demand for our products.

As regards a sole agency agreement, we have no hesitation in appointing you our exclusive sales representative. However, it is usual with us to enter into such a relationship only after examining the result of your sales efforts and the possibility of sales of our goods on a large scale in your market. And also we would like to contact the reference named.

Under such circumstances, we would like to propose doing business with you on a non-exclusive basis for a while. You would care to deal with us in such a basis, we will be pleased to give you further details of our business.

We hope we will be able to do business with you in the near future.

Very truly yours

Model Letter No.3

To a Bank Reference(은행에 신용조사의뢰)

Dear Sirs

Pursuant to a purchase offer received from The Hong Kong Importing Co., Inc., we wish to inquire about their credit worthiness, since we intend to enter into business connections with them.

Also, would you please provide us with all up to date informations relating to their credit standing?

We produce that all information relating to their financial status shall be treated in strict confidence.

Thank you. Your cooperation is much appreciated.

Yours very truly,

Model Letter No.4

Reply to the Inquiry(은행에 의한 신용조사의뢰 결과)

We are pleased to reply to your letter of Sept. 1 relating to the financial background of The Hong Kong Importing Co., Inc

The company in question was established in 1960 and they have gone far in the business of exporting and importing. From the birth of the company to the date, they have maintained accounts not only in our bank but also with The Bank of Credit and Commerce in New York.

We feel confident that any business done with them should not be the cause of any regret. They keep their word and their word is their bond.

We shall not be held responsible for the results of your venture with The Hong Kong Importing Co., Inc. However we look forward to giving you any further information you may require.

Please find enclosed the charge which we paid on your behalf which we ask you to settle as soon as possible.

Model Letter No.5

Asking for the best price(수입상에 의한 수입제의)

To: Fax 22−00−0000 REPLY TO YOUR FAX	From Fax − 82−−3453−0000 OUR REFFERENCE NO. SAMA−0606 Dated April 10.
MR. A. M. JOHN, EXPORT MANAGER FAR EAST DIVISION WALLACE MOTOR CORPORATION NEW YORK, U.S.A.	B.H. KIM DIRECTOR IMPORT DEPARTMENT GOLF SUPPLIES, LTD. SEOUL KOREA
	Authorized Signature Signed by *B.H.Kim* SAM−A KOREA CO., LTD 9FL SAMIL Plaza BLDG, 837−26 YEOKSAM−DONG KANGNAM−KU, SEOUL KOREA

Subject : "QUICK" Brand Golf Cart Model WMC−9
Dear Mr. Hill

Thank you very much for your letter of April 5. with the catalog and the draft Agreement enclosed.

We shall be glad if you quickly quote us your rockbottom price for the following item on the terms and conditions specified below :

Article : "Quick" Brand Golf Cart Model WMC−9 as per your Specifications
Quantity : 50 units as a trial
Price : to be quoted on CIF Busan per unit in U.S. dollars
Payment : Draft at sight under by us
Packing : Appropriate packing to be done by you for the transportation by a container vessel

As we have close connections with many golf clubs here in Korea, We shall be able to place substantial orders with you if your price and performance prove satisfactory to our customers.

As to the catalog, we would like to make out our own in Korean. So we shall appreciate it if you permit us to translate the essential parts of yours into our language.

We look forward to receiving your estimate by returns.

Sincerely

Model Letter No.6

Facing an Estimate for Golf Cart

Subject : "QUICK" Brand Golf Cart Model WMC-9

Dear Mr. Kim

In response to your request of April 10, we are very glad to fax you our estimate for "Quick" Brand Golf Cart Model WMC-9
Though we have estimate our very best price CIF Busan as you preferred, we are ready to consider any comment you might provide us with.
As to the translation of our catalog, we basically agree to your request. However, we reserve the right to withdraw or cancel the permission as the case may be.
We earnestly await your immediate initial order.

Sincerely

Model Letter No.7

Estimate for Golf Cart Model WMC-9

Mr. Kim Director Import Department
Golf Supplies, Ltd. 9Fl Samil Plaza BLDG,
837-26 Yeoksam-Dong Kangnm-Ku, Seoul Korea

ESTIMATE
No. GSJ-101

In compliance with your(Fax No. 0000) of April 10. 2020, we are glad to submit our price on the terms and conditions set forth below :

Description of Goods	Quantity	Unit Price	Amount
"Quick" Brand Golf Cart Model WMC-9	50 units	CIF Busan per unit @$11,500	US$575,000

* THE PRICE QUOTED ABOVE IS WITHOUT ENGAGEMENT AND SUBJECT TO OUR FINAL CONFIRMATION.

<u>Remarks</u>
Terms of Payment : Draft at sight under an irrevocable L/C
Terms of Delivery : Shipment within 35 days after of an L/C
Gross Weight : 280 kgs. per unit
Gross Measurement : 4.5 cbm(cubic meter) per unit
Packing : Ten(10) units to be stored in a 40-foot container
Minimum Quantity : 50 units per lot of an order
Quantity Discount To be considered for an order of more than 200 units

WALLACE MOTOR CORPORATION

A.M.Hill A. M. Hill. Export Manager

Far East Division

Model Letter No.8

Asking for a price reduction

SUBJECT : <u>Asking for a price reduction</u>

Dear Mr. Hill

Thank you for your prompt action in providing us with your estimate No. GSJ−101. We immediately examined it with our minute care, and contacted some of our customers for their comments and suggestions.

They say that cart seems to be suitable for golf playing, but the price is quite high as compared with competitors'.

As we previously mentioned in our fax of April 10. we are in a position to import it in quantities if your price is acceptable to our customers. So would come down to a level workable to us, say. $10,500 ?

We hope that you will understand the benefit likely to accrue to you from a competitive price. and kindly pave the way our initial order.

Sincerely

01 대형무역사고

　한국에서의 대형무역사고를 들자면, 첫째는 1조원이 넘는 매출을 허위로 만들어 금융권을 뒤흔들었던 모뉴엘이다. 이 회사는 수출서류를 위조해 3조 2,000억원을 은행권으로부터 불법으로 대출을 받았다. 이 사건으로 관계자들은 구속되고, 대출을 지급보증한 무역보험공사는 은행들과 보험금 지급소송전에 휘말려 들었다. 둘째는 이메일 해킹 무역사기로서 2016년에 L기업이 사우디아라비아의 납품대금 입금계좌가 변경됐다는 국제사기단의 이메일을 받고 확인도 하지 않고 물품대금 240억원을 송금했던 사건이다.

　거슬러 올라가 1992년에는 부도위기에 몰린 수입의류업체인 신한인터내셔널사가 홍콩의 현지법인이 개설한 신용장거래조건에서 위조된 선적서류로 SG 프랑스, BNP, 캐나다국립은행 등 외국은행들의 홍콩지점에서 3천만 달러를 인출한 사건이다. 이들 3개 외국은행들은 신용장을 개설한 국내 6개 은행에 책임이 있다고 주장하여 신용장대금 청구소송을 제기했었다.

　이러한 대형사건으로 중소수출기업들은 무역보험공사의 수출 신용보증서 발급이 까다로워지게 됨에 따라 어려움을 겪었다. 정부당국은 무역보험의 인수심사와 리스크 관리를 강화하는 내용의 재발방지 대책을 발표하고 감리를 전담할 조직을 개편하는 조치를 취하였다. 그러나 이는 인력을 증원함으로써 공기업의 비용, 나아가 국민세금부담만 가중시킬 뿐이다.

　모뉴엘 사건이 발생한 데에는 은행담당자들이 허위 수출현장을 발견하지 못한 책임이 가장 컸다. 특히 수출채권 매입시 수출물품 인수증빙서류, 거래계약서, 운송장, 선하증권 등 관련 기본 증빙서류에 대한 검증만이라도 확실히 하였다면 피해를 모면할 수 있었을 것이다. 우리은행도 연루되었으나, 담당직원이 은행권으로부터 모뉴엘이 거액의 대출을 단기간에 받는 것을 리스크 분산의 측면에서 수상히 여겨, 현장을 확인한 후에 대출금 860억원 모두를 회수하였다.

특히 아쉬운 점은 무역사고를 방지하기 위한 매뉴얼이나 체크리스트가 전혀 없었다는 점이다. 거액의 무역금융이나 대금결제가 진행되는 과정에서의 순서 및 방법을 표준화한 매뉴얼이나 체크리스트를 개발하여 담당자가 이를 기준으로 대출이나 결제업무를 했더라면 피해를 방지할 수 있었을 것이다.

현재 무역보험공사에서는 이러한 무역사기사고로 거액의 보험금을 지급하고 있으나 일반인들에게는 잘 알려져 있지 않다. 관계당국과 업계에서는 무역관련한 사기나 범죄에 대응하기 위해 보험사기 전담조직을 만드는 등의 노력을 기울이고 있으나 현실적으로 무역보험 관련사기 사건이 발생하여 수사기관에 의뢰하여도 해외사기단이어서 속수무책일 수밖에 없다. 그렇다고 사전에 문제를 적발해내기도 어렵고 예방할 수도 없는 실정이다.

일본의 미쓰비시 등의 상사들은 거액의 예산을 들여 200여 종의 무역리스크를 선별하고 그에 따른 관리와 측정을 병행하는 기업자체의 무역리스크관리 시스템을 구축하였으나, 이를 업계나 무역관련 기관들과 공유하지는 않고 있다. 그래서 무역사고와 관련한 국내외 사례 및 대처방안을 위한 최신의 매뉴얼과 체크리스트를 만드는 것이 시급하다고 볼 수 있다.

02 무역결제관련 사고 사례

무역은 그 자체만하더라도 국내거래보다 더 많은 불확실성을 내포하고 있어서 규모를 떠나서 다양한 무역사고가 빈발하고 있다. 사례는 다음과 같다.

(1) 신용장발행 후 지급불능

2012년에는 국내 3개 은행이 신용장 사고로 110억원의 손실을 보았다. 철강업체가 원자재를 신용장조건으로 수입한 후 대금을 지급하지 않았기 때문이다. 이 은행들은 신용장개설시에 개설신청한 회사의 신용을 체크하거나 담보를 설정한 뒤에 개설해야 함에도 이를 확인하지 않았던 것이다.

(2) 이메일 해킹에 의한 무역대금 사기

이메일 해킹 무역사기도 2018년에 150건에 달했다. 2016년에는 L기업이 사우디아라비아의 납품대금 입금계좌가 변경됐다는 국제사기단의 이메일을 받고 확인도 하지 않고 물품대금 260억원을 송금했다.

이메일 무역사기는 해커가 스피어 피싱(Spear Phising) 메일을 무작위로 보내고 악성코드가 해당 컴퓨터에 들어가면 메일을 해킹하는 것으로부터 시작한다. 이후 협상을 진행하거나 위조된 선하증권을 발송하고, 송금관련정보를 위조해 자신의 범행용 계좌로 입금을 유도하여 제3국에서 돈을 인출하는 것이다.

(3) 허위 송금증명서로 선적서류인수시도

중고자동차 수출업체인 Y사는 페루의 A사와 수출계약을 맺고 관행대로 선수금30%를 받은 후 나머지 물품을 송금하기로 하였다. Y사는 계약대로 29대의 중고차를 선적하였으며 한 달 후 A사로부터 잔액을 송금했다는 영수증 사본을 팩스로 받았다. 이후 배가 입항 예정이니 선적서류 원본은 DHL로 송부해 달라는 요청이 왔다. Y사는 의심하지 않고 수입상에게 서류를 송부한 후 자사의 계좌로 잔액이 입금되기를 기다렸으나 1주일이 지나도 소식이 없었다. 그래서 급히 KOTRA 리마 무역관으로 송금증명서 사본을 보내 확인요청을 한 결과 조작한 것으로 보인다는 회신을 받았다. Y사는 선사에 알려서 세관당국의 협조로 상품반출을 금지시켰다. 조금이라도 지연되었다면 A사는 B/L(선하증권)을 제시하여 물품을 인출했을 것이다. Y사는 페루의 A사에 강력히 항의하여 잔금을 지급받았다.

이와 같이 소규모거래는 현금 송금방식에 의한 거래이기 때문에 사기수법도 다양하다. 그래서 선수금을 받고 잔액을 송금받기 전에는 선적서류 원본은 건네주지 않아야 한다.

(4) 선적서류 사본으로 상품인수 후 결제거부

국내 D사는 석유화학제품을 중국으로 수출했다. 선적한 후에 바이어 요청대로 선적서류 사본을 팩스로 송부했다. 이후 중국 수입상으로부터 대금지급을 기다리고 있었다. 하지만 1주일 뒤에 중국의 신용장 개설은행이 대금결제를 거절했다는 연락을 받았다. D사가 선적서류 인수를 거절했기 때문이라는 것이었다. 중국의 화물은 선적서류 원본이 도착하기보다 빠른 점을 이용하여 중국업체는 선하증권 사본만으로도 물품수취가 가능한 현지의 통관관행과 중국은행의 무책임한 업무태도 때문에 해결책이 없었다. 중국법원에 제소했지만 소용이 없었다. 이는 사본만으로 물품수취가 가능한 중국 현지 통관관행과 국제 상관습을 무시한 중국은행들의 부당한 행위에 정부차원에서 적극 항의할 필요가 있으나, 그다지 기대할 수 없었다.

(5) 결제조건변경

2004년에 국내 A사는 알제리 수입상 B사로부터 D/P at sight 결제조건으로 5만 달러 수출계약을 체결하였다. 그러나 B사는 물품이 도착하자 결제대금이 부족하다며 'D/A 외상 거래' 조건으로 변경하자고 일방적으로 통보하였기 때문에 A사는 물품을 알제리 세관창고에 계류시켰다. A사는 끝내 제품을 반송(Ship-back)시키려 하였으나 세관의 반송절차가 복잡하였고 비용도 적지 않았다. 따라서 사전에 신용관계 낮은 수입상과는 신용장조건으로 수출계약 체결하는 것이 대금결제리스크를 피할 수 있을 것이다.

(6) 계약과 다르거나 하자있는 물품수출

① 국내 S사는 미국의 수출상으로부터 동일한 중량의 동스크랩과 폐타이어 수입계약서를 이중으로 작성하여 국내의 I사에 수입신용장을 개설하도록 했다. 폐타이어가 국내에 도착하자 신용장을 포함한 네고서류를 제시하고 물품을 인수한 뒤에 I사에는 수출상의 실수로 잘못 선적되었다고 주장하였다. 이 사건은 물품의 일치와는 무관하게 서류만 일치하면 대금을 지급하는 신용

장의 특수성 때문에 은행에서는 물품대금을 수출상에게 지급할 수밖에 없었다. 그러나 부산세관에서 부산항에 도착한 물품이 선적서류 상의 물품과 다른 사실을 포착하고 수출상과 이들의 자금흐름을 추적하여 신용장 사기와 자금세탁 혐의를 밝혀냈다.

② 국내 수입상이 530t 가량의 구리를 수입상과 계약하여 받았지만, 인천세관 해당 컨테이너 안의 X-Ray검사에는 벽돌만 있었다. 해외무역사기단이 런던국제금속거래소의 시세보다 저렴하게 해준다며 국내 수입상을 유인하여 선결제를 요구하며 현지 선적장소에서는 정상적인 폐구리가 실린 컨테이너를 보여주었지만 선적할 때에 바꿔치기 했던 것이다.

③ 국내 H사가 대만 소재 수출상과 신용장조건의 수입계약을 체결했지만 도착한 것은 모두 산업 쓰레기였다. 그러나 대만기업은 자신의 거래은행에 네고를 하여 수출한 물품 대금을 인수한 뒤에 사라졌다. 이에 H사는 국내 신용장발행은행에 신용장 대금 지급금지 가처분 신청하여 대만의 은행에 신용장대금을 지급하지 않도록 하였다.

④ 국내 A사는 반도체 관련 해외기업 B사의 제품을 수입하였으나 정밀 테스트 후에야 물품하자를 발견하여 B사에 통보하였다. 그러나 B사는 샘플 송부부터 계약까지 모든 서류에 문제가 없음을 주장하며 A사가 대금을 지급하지 않으려 한다고 했다. A사는 뒤늦게 변호사를 선임했지만 선적된 물건은 이미 개봉되었기 때문에 입증하기가 어려웠다.

⑤ 국내 기업 A사는 해외 전시회에서 프랑스 수입상 B씨와 현금지급 조건으로 수출계약을 체결했다. A사는 제품을 선적하기 전에 수출 계약금의 50%만을 받고 계약된 제품 전체를 선적했다. B씨는 제품을 받은 후 부품 일부에 하자가 있다는 이유로 나머지 50% 잔금 지급을 거절했다. A사는 담당자

에게 수차례 이메일을 보내고 직접 통화를 시도했지만 B씨는 연락을 끊고 자취를 감추어 버렸다.

⑥ 2012년에 국내 Y사는 인도의 수출상 A사에 하스텔로이 재질의 파이프를 수입하는 계약을 체결하였다. 그러나 A사는 계약과는 다른 제품인 스테인레스 파이프를 Y사에 수출하였다. Y사는 계약상의 물품과 다르기 때문에 환불을 요청하였으나 A사는 Y사에게 40%의 대금만을 송금하였을 뿐이다.

이러한 사례로 보아 무역거래시 샘플테스트를 할 때 참관인을 두어 제품의 책임소재를 밝히는 등으로 시세보다 낮은 가격으로 수출하려는 기업들에 대한 경계가 필요하다.

신용장 조건의 무역결제

01 무역대금의 결제

국제거래에서 대금결제는 현금으로 바로 결제되는 경우가 잘 없다. 또한 통화가 다르기 때문에 환거래로 실행된다. 국제거래에서는 화물의 운송에 시간이 걸리기 때문에 상품인도와 동시에 대금지불이 이루어지지 않는 것이 특징이다. 그래서 대금지불을 이행하는 시기에서 수출상과 수입상의 이해가 대립하기도 한다.

국제거래의 결제에는 크게 나누어 채무자인 수입상이 수출상에게 대금을 송금하는 방식과 채권자인 수출상이 수입상에게 대금을 청구하는 방식이 있다. 국제결제에는 은행이 개입되기 때문에 여러 은행간에 상호 신용을 인정하기 위해서는 외국환을 취급하는 은행에서 체결하는 것이 필요하다.

외환은행이 자국 거래당사자들의 의뢰를 받아 송금 등의 업무를 대행하기 위해 해외의 다른 은행과 체결하는 환업무 협약을 '환거래계약'이라고도 한다. 이때 상호 계약을 체결한 은행을 '코레스' 또는 '코레스은행(corress bank)'이라고 한다. 코레스(corres)는 'correspondent'의 줄임말이다. 따라서 이는 정확히 말하면 'correspondent bank'이며 우리 말로는 거래은행이 된다.

오늘날에도 가장 전형적인 국제거래는 물품매매를 중심으로 하는 무역거래이다. 무역거래에는 물품종류와 운송방법, 대금결제방법 등에 따라 여러 가지 형식이 있다. 그리고 국제적인 물품매매에 따른 은행, 운송, 보험 등의 거래가 동시에 이루어진다.

국내거래에는 거래선이 대금을 지불하지 않는 경우에 법률 및 경제적인 여러 가지 제재조치를 취할 수 있지만, 무역거래에는 국내에서보다 더욱 복잡하고 힘든 절차가 진행될 수 있다. 특히 나라에 따라 법제도가 다르기 때문에 강제집행이나 민사상의 채권보전을 간단하게 실행할 수 없는 경우가 많다. 그에 따른 변호사선임비용도 만만치 않을 것이다.

현실적으로 외국에 있는 거래선의 경영상황이나 재무상태를 파악하기도 쉽지 않다. 그래서 거래선이 도산하여도 그 사실을 즉시에 입수하기가 어렵다. 그렇기 때문에 무역거래에서는 불량채권을 발생시키지 않을 최선의 방법이나 수단을 선택하는 수밖에 없다.

무역대금의 결제수단은 ① 거래당사자 간의 은행구좌를 이용하여 현금을 송금하는 방법, ② 환어음을 은행에 제출하여 결제하는 방법, ③ 은행이 지불을 확약한 신용장에 의한 방법 등의 3가지로 구분할 수 있다. 이 장에서는 신용장에 의한 무역결제방법에 대해 설명한다.

02 신용장(信用狀)의 기능

일반적으로 무역거래에서 수출상은 물품을 수출해 놓고도 대금을 지급받지 못할 리스크가 가장 크고, 수입상은 대금을 송금했으나 물품을 인수받지 못할 리스크가 가장 크다. 수출상은 계약한 물품을 수입상에게 운송하였지만 대금을 지급받지 못할 가능성이 있는 반면에, 수입상은 대금을 수출상에게 송금하였지만 물품을 아예 인수하지 못하거나, 인수하였다 하더라도 계약에서 정해진 물품이 아닌, 하자가 있거나 수량이 부족한 물품 등을 인수할 리스크가 있다는 것이다.

이러한 리스크에 대해 국제적으로 신용할 수 있는 환거래은행이 개입하여 수출상에게는 대금지급(代金支給)을 보장하고, 수입상에게는 계약에 적합한 물품을 인수받을 수 있게 해 주기 위하여 고안된 문서가 바로 신용장(信用狀)이다.

신용장(Letter of Credit; L/C)은 수입상의 거래은행이 수출상에게 발행하는 것으로 주로 특정 금액(수출대금)을 수출상에게 지불할 의무가 있다는 내용의 서류이다. 다시 말해 신용장은 은행이 가지고 있는 신용으로 거래당사자들이

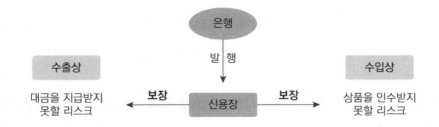

그림 2-1 신용장(Letter of Credit)의 기능

- 신용장(L/C)은 **수입상의 요청**에 의하여 수입상과 환거래계약을 체결한 은행이 발행(개설)한다.

- 수출상은 **신용장조건대로** 물품을 선적하고 서류를 갖추어 네고하여 대금을 결제받는다.

가장 우려하는 점을 각각 보증하는 것이라 할 수 있다. 무역거래의 기본적인 흐름을 설명하기 전에 신용장과 선하증권(船荷證券; B/L)을 간단하게 이해하는 것이 필요하다.

그림에서와 같이 신용장은 수입상의 요청에 의해 수입상과 환거래계약을 맺은 은행이 발행하여 수출상에게 전달한다. 쉽게 말하자면 신용장은 수입상의 거래은행이 수출상에게 수출대금을 확실하게 받을 수 있게 해 주겠다는 것을 의미한다. 단 수출상은 신용장조건에 따라 물품을 선적하고 서류를 갖추어 거래은행에 제출해야만 대금을 회수할 수 있다. 바꾸어 말하면 수출상이 대금을 결제받기 위해 제출한 서류가 신용장조건에 조금이라도 차이가 있다면 수출대금을 지급받을 수 없다는 것을 의미하기도 한다.

구체적으로 신용장을 인수한 수출상은 수출대금을 어떻게 인수하는가. 수출상은 계약한 물품을 조달하여 신용장조건에 맞게 상품을 선적하고, 운송회사가 발행한 선하증권을 발급받는다. 그리고 대금을 청구하는 어음과 함께 신용장에 명기된 대금결제에 필요한 서류(네고서류)를 갖추어 자신의 거래은행(네고은행)에 제출하여 물품대금을 지급받는 것이다.

물론 대금을 수출상에게 지급한 네고은행은 수출상이 제출한 네고서류를 신용장을 발행한 수입상 측의 은행에 송부하여 대금을 회수한다. 이후 신용장 발행은행은 수입상으로부터 수입물품대금과 선하증권을 비롯한 선적서류(네고서류)를 교환한다. 선적서류를 인수한 수입상은 도착한 선박에 선하증권을 제출하고 물품을 인수함으로써 마무리되는 것이다.

수출상은 이 신용장을 인수하면 수입상으로부터 대금을 받지 못할 리스크를 피할 수 있다. 또한 물품을 선적하자마자 대금을 회수할 수 있어서 자금흐름이 경직될 리스크를 피할 수 있으며, 물품도 저렴하게 조달할 수 있는 장점이 있다. 신용장은 매매당사자 모두에게 이익을 주며, 특히 수출상의 이익이 더욱 크기 때문에 수출상이 수익자(beneficiary)가 된다. 이 신용장제도는 컨테이너선의 등장과 함께 국제무역이 더욱 활성화될 수 있었던 계기가 되었다. 신용장의 기능은 다음 2가지로 구분할 수 있다.

(1) 수출상은 신용장조건에 따라 수입상과 계약한 상품을 선적하여 대금을 회수할 수 있다. 구체적으로는 수출상은 상품을 선적했다는 사실을 증명하는 선하증권(船荷證券)이나, 항공화물운송장을 운송회사로부터 발급받아 신용장상에 명시되어 있는 네고(대금결제)에 필요한 서류를 갖추어 환(換)거래은행에 제출하여 수출한 물품의 대금을 지급받을 수 있는 것이다. 물론 대금을 지급한 수출상거래은행인 네고은행은 이를 다시 수입상 측의 거래은행이 발행한 신용장발행은행에 보내어 대금을 회수하며, 수입상거래은행인 신용장발행은행은 수입상에게 수출상이 발행한 환어음에 대한 대금을 결제하게 하여 신용장 대금을 회수한다. 수입상은 거래은행에 수입대금을 지불한 후에 인수한 네고서류 중에서 선하증권(또는 항공화물운송장)을 수취하여 운송회사로부터 물품을 인수한다. 간단하게 말하면 신용장은 수출상에게 수출대금의 지불을 보증하는 서류이다.

(2) 신용장은 수출상 측으로 보면, 수입상이 대금을 지불하지 않을 리스크를 피할 수 있고, 약정품을 선적한 후 바로 대금을 회수할 수 있는 이점이

있다. 따라서 선적과 동시에 수출대금을 회수할 수 있기 때문에 자금흐름이 경직될 리스크를 피할 수 있으며, 계약물품도 저렴하게 조달가능한 장점이 있다. 신용장은 매매당사자에게 서로 이익을 주는 것이며, 수출상의 이익이 더욱 크기 때문에 수익자(beneficiary)가 된다.

대부분의 신용장은 다음과 같은 내용을 포함한다.

① 계약 및 선적조건(The terms of contract and shipment)

② 수입상 상호와 주소(The name and address of the importer)

③ 분할선적여부(Whether the credit is available for one or several part shipment)

④ 총금액과 화폐(The amount of the credit, in sterling or a foreign currency)

⑤ 만기일(The expiry date)

⑥ 상세한 물품명세(A brief description of the goods covered by the credit)

⑦ 수출상 상호와 주소(The name and address of the exporter)

⑧ 수출상이 대금을 지급받기 위해서 필요한 서류 및 지시사항(Precise instruction as to the documents against which payment is to be made)

⑨ 신용장 형식(The type of credit(revocable or irrevocable))

⑩ 선적지시사항(Shipping details)

03 신용장통일규칙

신용장은 계약이나 거래를 표준화하여 매매계약당사자들의 잠재적인 리스크를 한정시키고 억제하여 국제거래를 안전하고 원활하게 수행하는 역할을 한다. 이 신용장은 신용장통일규칙의 규정에 따라야 한다. 신용장통일규칙은 매매계약당사자 간의 분쟁과 리스크를 방지하기 위하여 국제적인 민간기구(ICC)

에 의해 형성된 자주적 규범이다. 이는 당사자 자치의 원칙에 따라 거래당사자들의 자유로운 계약에 대해서 이를 제한하는 성격을 가진다고 볼 수 있다.

예를 들어 신용장통일규칙에 위반되는 문항이나 조항을 삽입하는 것은 무효이다. 특히 자사(自社)의 리스크를 제한하기 위하여 신용장통일규칙이 적용되지 않은 문구나 조항을 삽입하여도 인정 및 효력을 발생할 수 없게 되는 것이다. 따라서 신용장통일규칙은 국제적인 민간기구에 의하여 거래당사자들의 권리와 의무에 따른 리스크를 각기 제한하기 위하여 규정된 것으로 볼 수 있다.

신용장에 따른 리스크는 일반적인 리스크관리에서 중요한 요소인 관리의 결여로부터 비롯된다고 볼 수 있다. 이는 일상적이고 반복적인 업무로서의 서류관리가 철저히 이루어지지 못하였기 때문에 발생되는 리스크로 볼 수 있기 때문이다. 이는 담당자의 실수나 무지에서 비롯된 인적 리스크에 속한다. 담당자를 효과적으로 통제하지 못하였거나 신용장상의 내용을 충분히 파악하지 못하였기 때문에 리스크가 발생되는 경우가 많은 것이다. 이러한 리스크는 신용장 관련 서류를 주도면밀하게 점검하고 체크하는 등의 내부관리를 강화하여 어느 정도 방지할 수 있을 것이다.

수입상 측에서 신용장을 개설하여 이를 거래은행을 통하여 수출상이 접수하면 신용장의 내용과 매매계약의 내용이 일치하는가를 우선 확인하여야 한다. 다음으로 발행된 신용장 자체에 모순되는 내용이 없는가를 정확하게 조사해야 한다. 왜냐하면 수출상은 매매계약의 내용에 따라 계약을 이행하여도 신용장조건에 위배되는 경우에는 대금지급을 거절당할 수 있는 리스크가 있기 때문이다.

신용장은 그 성질상 매매계약 또는 그와 관련한 계약과는 별개의 거래이기 때문이며, 은행 측은 당사자의 계약내용과는 무관하게 업무를 처리한다. 신용장거래에서 모든 관계당사자는 해당서류상으로만 거래하는 것이며, 그 서류에 관계한 물품이나 서비스 등을 취급하는 것이 아니기 때문이다(신용장통일규칙 제3조 a항 및 제4조).

신용장 접수 이후 수출상이 체크해야 할 주요 포인트

- 신용장내용과 매매계약의 내용이 합치되고 있는가
- 신용장자체의 모순이 있는가
- 발행은행은 신뢰할 수 있는가
- 서명(署名)은 틀림없는가
- 취소불능신용장(Irrevocable Credit)인가
- 확인신용장(Confirmed Credit)인가
- 신용장금액이 계약금액과 일치하는가
- 과부족허용조건(過不足許容條件)이 있는가
- 분할선적(partial) 및 환적(transshipment)이 허용 또는 금지인가
- 선적기한 및 신용장기한이 계약을 이행할 수 있을 만큼 충분한가
- 입수가 불가능한 서류를 요구하고 있지는 않는가
- 환어음의 매입은행이 지정되어 있는가
- 지불을 확약하는 문구가 있는가
- 신용장통일규칙을 적용하는 문구가 있는가

••• 신용장 통지

수출상이 신용장을 통지받지 못하면 수입상은 확실한 주문을 하지 않았다고 볼 수 있다. 그러므로 계약시에 구체적으로 신용장발행일자나 상품의 인도시기를 특정 일자로 한정시켜서 기입하도록 하는 것이 필요하다. 계약서나 주문서에는 정확한 인도시기를 설정하지 않으면 '신용장수취 후 90日'(90days after receiving L/C) 등으로 기재하여 신용장발행이 지연될 경우에 대비할 수 있다. 다시 말해 신용장발행이 지연될 경우 물품구입이나 생산을 할 수 없는 리스크가 있다.

이와 같이 수출상은 신용장에 의해 약정품을 조달하며 필요에 따라 수출금융을 이용할 수 있으며, 외환리스크대책이나 수출보험계약의 체결 및 신용장 접수·점검 등의 업무를 수행할 수 있다. 특히 물품을 수입상에게 정확하게

인도하기 위하여 선적준비, 운송계약체결, 필요에 따라 해상보험계약체결이나 수출허가·승인의 취득, 수출통관, 선적 등의 업무를 수행해야 하고 선하증권 등의 서류를 입수하여야 한다.

04 은행이 대금지급을 거절할 경우

은행이 대금지급을 거부하는 경우가 있다. 네고은행 측으로서는 수출상에게 대금을 지급한 뒤에 서류상의 하자로 해서 신용장발행은행으로부터 대금을 회수할 수 없는 리스크가 있기 때문이다. 물론 네고은행 측도 이에 대비하여 미리 수출상과 환거래계약을 체결하여 담보나 예금, 적금 등을 수출상에게 요구하여 대비하고 있다. 그러나 신용장의 제조건에 일치하지 않으면 대금을 지급하지 않거나 서류를 보완하도록 요구하는 것이 관행이다.

이러한 경우에 수출상은 서류를 수정하여 다시 제출한다. 그러나 계약관계 또는 거래과정에서의 문제가 있는 경우에는 수출상은 신용장통일규칙에 의거하여 지급거절에 따른 정당성을 검토하여 대응하여야 한다. 이와 동시에 수입상에게도 물품대금을 청구하거나 각종의 법적조치를 취하기도 한다.

수입상이 신용장발행은행과 공모하여 선적서류의 하자를 이유로 화물인수를 거부하는 경우도 있다. 이렇게 되면 헐값에 덤핑처분해야 하는 결과가 발생된다. 특히 주의하여야 할 것은 신용장발행은행이 수입상으로부터 대금을 결제받기 전에 선하증권 등의 선적서류를 수입상에게 넘겨주는 실무상의 관행이 있는 경우이다. 물론 수입상의 신용이 양호한 경우이지만 수출상의 입장에서는 리스크가 크기 때문에 각별히 주의해야 한다.

05 신용장조건에 의한 무역거래의 흐름

신용장 조건에 의한 무역거래의 기본적인 흐름(trade flow)을 그림과 같이 간단하게 설명하고자 한다.

그림 2-2 무역거래의 기본 흐름

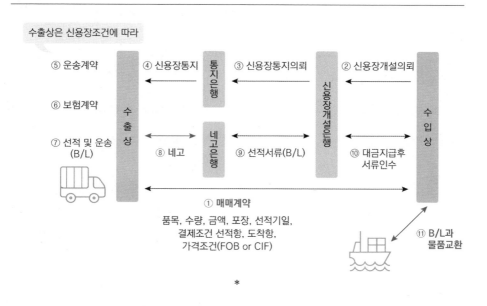

① 매매계약(Sales Contract)

수출상(shipper; Seller)과 수입상(Consignee; Buyer)은 기본적인 거래조건을 결정하고 매매계약을 체결한다.

② 신용장개설의뢰(Credit Application)

매매계약조건에서 '대금은 신용장조건으로 결제하겠다'라는 내용으로 계약을 했다면 수입상은 환거래계약을 체결한 자신의 거래은행에 '취소불능화환

신용장개설신청서'(Application for Irrevocable Documentary Credit)를 제출하여 신용장을 개설해 줄 것을 의뢰한다. 이 신용장은 수입상의 거래은행이 수출상에게 수출대금을 지급할 것을 보증하는 서류이다. 그렇기 때문에, 만일에 수입 상이 신용장이 발행된 후 수출상이 운송한 물품을 인수하려 하지 않거나, 수입대금을 지불하지 않을 경우에는 신용장발행은행이 수출상에게 대금을 지급하는 의무가 따르게 된다. 그래서 수입상의 거래은행은 신용장을 발행하기 전에 신용장금액에 상당하는 수입상의 신용을 확인하거나 담보를 설정하는 등의 환거래계약을 체결하고 신용장을 발행한다.

③ 신용장통지의뢰

수입상거래은행(Issuing Bank)은 신용장을 발행하여 수출상이 있는 지역의 은행(Corresponding Bank)에 신용장을 수출상에게 통지하도록 의뢰한다.

④ 신용장통지(Credit Notification)

신용장발행은행으로부터 신용장을 통지해 줄 것을 의뢰받은 수출상 지역의 은행은 은행 간 전신케이블(SWIFT)로 수신된 신용장을 수출상에게 통지한다. 여기서 신용장통지은행은 흔히 신용장을 발행한 은행으로 오해하기 쉬운데, 통지은행은 단지 '신용장을 발행한 은행의 요청에 따라 아무런 책임부담 없이 취소불능화환신용장을 통지한다'라는 신용장에 기재되어 있는 사항과 같이 오로지 신용장을 통지해 주는 역할만 하고 있다.

⑤ 운송계약(Shipping Contract)

신용장을 입수한 수출상은 매매계약조건과 신용장조건이 일치하는가를 확인한다. 이후 신용장조건의 최종선적일자 및 선적조건에 맞추어 운송회사와 운송계약을 체결한다. 신용장조건과 조금이라도 일치하지 않는다면, 대금을 지급받지 못할 수도 있기 때문에 항상 유의해야 한다.

⑥ 보험계약(Insurance Contract)

CIF 조건의 경우에 수출상은 보험회사와 보험계약을 체결하고 '해상보험 증권'을 수령한다. 보험계약도 신용장조건에 그 내용이 확정되어 있으므로 수출상은 이에 따라 보험회사와 계약을 체결해야 한다. 특히 보험계약일자와 보험조건 등을 정확히 확인하여야 한다. FOB조건 등에서는 수입상이 보험료를 부담하기 때문에 수출상이 계약을 체결할 필요가 없지만 수출상이 계약을 대신 체결해 주는 관행이 있다.

⑦ 선적 및 운송(Dispatch Goods)

수출상은 신용장조건에 따라 상품을 선적하고 선박회사(운송인; Carrier)로 부터 '선하증권'(Bill of Lading)을 수령한다.

⑧ 네고(Negotiation; Shipping Document ↔ Payment)

수출상은 수입상거래은행 및 수입상을 지급인으로 하는 환어음을 발행하여 신용장과 신용장조건에 합치되는 선적서류(인보이스, 선하증권, 보험증권 등)를 첨부하여 자신의 거래은행(네고은행)에 '선적서류매입(추심)의뢰서'를 제출하여 매매대금을 회수한다. 이 중에서 선하증권은 물권적 효력 및 채권적 효력이 인정되어 있는, 법적으로도 유통가능한 증권이다. 그래서 수출상은 물품을 선적했다는 증거인 선하증권을 네고서류에 포함시켜 거래은행에 제출하고 수출대금을 지급받을 수 있는 것이다. 네고서류는 신용장조건에 정확하게 일치하여야 한다. 또한 수입상은 도착지에서 선하증권을 운송회사에 제출해야만 물품을 인수할 수 있다. ⑧, ⑨, ⑩은 선적서류와 대금을 교환하는 단계이기 때문에 "↔"으로 쌍방향으로 표시되어 있다.

⑨ 선적서류송부(Shipping Document)

수출상에게 수출대금을 지급한 수출상거래은행(네고은행)은 신용장을 발행한 수입상 측의 거래은행에 선적서류를 송부하고 수출상에게 지불했던 수출대금을 회수한다. 선하증권은 화물을 대표하는 권리증권이기 때문에 네고은행과 신용장발행은행은 담보적인 성격으로서 선하증권을 인수하고 수출상에게 대금을 지급하거나 지급할 것을 보장해 주는 성격의 증권이다.

⑩ 대금지불(Payment)

신용장을 발행한 수입상의 거래은행은 수입상에게 선적서류가 도착했음을 통지하면 수입상은 수입물품대금을 은행에 지불하고 선적서류와 교환한다. 이로써 수입상은 선적서류를 인수하여 운송회사로부터 물품을 인수할 준비를 한다.

⑪ 물품인수(Release Goods)

수입상은 운송회사에 선하증권(B/L)을 제출하고 물품을 인수한다.

일반적으로 무역회사의 실무에는 여러 가지 거래가 동시다발적으로 진행되는 경우가 대부분이다. 위의 그림은 회사에서 현재 진행되고 있는 무역거래의 현황을 파악하는 데 효과적이다. 예를 들어 미국 바이어로부터 청바지 1,000벌에 관한 신용장(L/C)이 도착했다는 통지를 받았다면, 담당자는 ④의 단계에 있으며, ⑤, ⑥, ⑦의 과정을 진행시키면 된다. 즉 신용장을 입수한 뒤에 신용장조건에 따라 상품을 조달하여 선적할 준비를 하는 동시에 운송계약과 보험계약 등을 체결해야 한다. 또 중동으로 수출할 섬유원단을 선적하고 선하증권을 발급받았다면 ⑦의 단계에 해당되며, 수출상은 곧바로 신용장상에서 네고에 필요한 서류를 챙겨서 바로 대금결제를 위한 준비에 들어가야 하는 것이다.

한국의 '삼아코리아'에서 인도의 뭄바이에 있는 수입상(Mumbai Importing Co.)으로 전자부품을 수출하는 과정을 간단한 예를 들어 설명하여 보자.

- 수출상: Sam − A Korea Co.
- 수입상: Mumbai Importing Co.
- 신용장발행은행: Import Bank of India
- 신용장통지은행: Korea Exchange Bank
- 선박회사: Han Transport Co.

1. Request for Quotation(견적의뢰)

Mumbai Importing Co. Ltd. A 888 Nagar Agarwadi
Mankhurd Mumbai 300 033 Fax 22 00000

Request for Quotation(offer sheet)

No : MIC − PO − 20080220
Date : Feb. 20. 2018

Dear Sirs
Please send me your quotation for Remote Control 15,000 PCs
Model number SAK − 3453

Please quote F.O.B. Busan
Payment will be Letter of Credit

Director
Import Department
M.A.Tre
Authorized Signature

수출상은 수입상에게 보낸 매매계약상의 견적내용(quotation)을 정확하게 따라야 한다. 특히 가격조건은 물품을 선적한 상태에서의 가격을 수입상이 지불해야 하는 조건으로 작성하여야 하고, 수출상의 이익이나 커미션이 포함되어야 한다. 인도의 수입상이 리모콘 모델 SAK−3453 15,000개의 견적을 한국의 삼아코리아에 의뢰한 견적의뢰서이다. 구체적으로 F.O.B.가격조건으로 운임 및 보험료는 수입상이 지불하며, 신용장조건으로 대금을 지불하겠다는 내용이다. 견적내용은 다음과 같다.

"We hereby order as per your pro forma invoice number SAK−20180228 (Feb. 28. 2018)"(우리는 귀사의 견적송장 넘버 SAK−20180228; 2018년 2월 28일 자에 의하여),

"We hereby order 15,000pcs Model No. SAK−20050228, F.O.B. Busan"(모델 넘버 SAK−20180228; 2018년 2월 28일 자에 의하여),

"SAK−20180228 F.O.B. Busan to be shipped by ocean no later than April 10, 2018, with payment Irrevocable Letter of Credit"(신용장방식의 대금결제조건이며 2018년 4월 10일까지 부산에서 F.O.B.조건으로 선적되어야 한다).

수입상이 더욱 구체적이고 정형적인 서류인 견적송장(Pro forma Invoice)을 요구하거나 표준매매계약서(Standard Terms and Conditions of Sale)를 첨부하는 경우도 있다. 여기에는 " 모든 선적은 'F.O.B. New York'으로 할 것" 등의 구체적인 정보가 있다. 이는 견적서에는 나타나지 않는 내용이므로 유의해야 한다.

2. Pro forma Invoice(견적송장)

SAM−A KOREA CO., LTD 9FL SAMIL Plaza BLDG, 837−26
YEOKSAM−DONG, KANGNAM−KU, SEOUl KOREA TEL(82−2)
3453−0000, e−mail: jj11888@freechal.com, FAX NO: (82−2)3453−0000

PRO FORMA INVOICE

No: SAK−20160228
Date: Feb. 28. 2018

SAM−A KOREA Quotation
This quotation is valid for 30days from the date hereon: March. 30. 2018
Shipper: **SAM−A KOREA**
Consignee: **Mumbai Importing**

Description (물품명세)	Quantity (수량)	Unit Price (단가)	Amount (총금액)
Remote Control model No. SAK−3453.	15,000pcs	@US$1.25	US$18,750.−

* THE PRICE QUOTED ABOVE IS WITHOUT ENGAGEMENT AND SUBJECT TO OUR FINAL CONFIRMATION

We are pleased to offer you the following goods on the terms and conditions described hereunder
Payment by the 90−day Irrevocable Letter of Credit from a first−class international bank
Shipment to be made within 60 days after receipt of the Letter of Credit.

FOR&ON BEHALF OF
SAM−A KOREACO. LTD.
B.H.Kim
Authorized Signature

견적송장(Pro forma Invoice)은 무역거래에서 정확한 견적(quotation)을 표시한 서류이다. 구체적이고 상세한 내용의 견적서는 수입상들에게 신뢰감을 줄 수 있고, 수출상 측으로도 견적내용에 따른 매매와 지불조건 등을 확정하여 물품의 수급변동에 적절한 준비를 할 수 있다. 이 견적송장의 내용은 다음과 같다.

• 선적인(수출상)은 SAM-A KOREA이며 이 견적의 유효기간은 발행 후 30일 이내, 2018년 3월 30일까지, 수하인(受荷人)으로 주로 수입상이 된다.

• "THE PRICE QUOTED ABOVE IS WITHOUT ENGAGEMENT AND SUBJECT TO OUR FINAL CONFIRMATION"(이 가격조건은 우리 회사가 제시하는 최종가격임).

• 국제적인 특급은행에서 발행된 90일 조건의 취소불능신용장에 의해 지불할 것.

• 신용장 인수 후 60일 이내 선적할 것임.

3. Purchase Order(주문서)

수입상이 견적(quotation) 및 Pro forma Invoice(견적송장)의 내용에 만족한다면 주문단계(purchase order)로 나아가게 된다.

수출상과 매매계약내용에 대해 합의한 수입상은 주문서를 구체적인 내용으로 수출상에게 주문서를 보낸다. 아래는 리모콘 15,000개를 1개당 1.25 US 달러로 주문하려는 내용이다.

Mumbai Importing Co. Ltd.
A 888 Nagar Agarwadi
Mankhurd Mumbai 300 033
Fax 22－000－0000

PURCHASE ORDER

No: MIC－PO－20180302
Date: March. 2. 2018

We purchase from you the following goods on the terms and conditions set forth below and on the reverse side hereof:

Description (물품명세)	Quantity (수량)	Unit Price (단가)	Amount (총금액)
Remote Control model number SAK－3453.	15,000pcs	@US$1.25	US$18,750.－

Cable/Telexes/Faxes exchanged:
Yours of Date: Feb. 28. 2018(Pro forma Invoice No: SAK－20180228)
Ours of Feb. 20. 2018(Request for Quotation No: MIC－PO－ 20180220)

Director Import Department

M.A.Tre

Authorized Signature

---

4. 신용장(Letter of Credit)

---

① Irrevocable Letter of Credit

ORIGINAL

② KOREA EXPORT BANK

Head Office : 000 — ka Ulchi — ro, Chung — ku, Seoul, 100 — 000, Korea TEL : 02 — 000 — 0000
CPO BOX 0000, Cable : KOEX BANK, TLX NO : 0000 — 00 SWIFT : KOEXKRSE
Advice Br. : 역삼동 Advice Date : 2018. 04. 22

---

③ Beneficiary : SAM — A KOREA CO., LTD 9th
FL SAM — A BLDG NO 999 — 27,YEOK SAM
— DONG, KANGNAM — KU
④ Amount : USD18,750.00
⑤ Expiry Date : 2018. 05. 30

⑥ Advice of Irrevocable Documentary
Credit No : ANDHER0807010
⑦ DATE OF ISSUE   21 APR 2018
⑧ Applicant : Mumbai Importing Co. Ltd.
⑨ Issing Bank : IMPORT BANK OF INDIA,
ANDHERI EAST BRANCH MUMBAI INDIA

---

⑩ Gentlemen

At the request of the above named issuing bank, and without any engagement or responsibility on our part, we are pleased to the attached irrevocable Letter of Credit No. ANDHER0807010

⑪ DOCUMENT REQUIRED

AS PER PRO FORMA INVOICE NO SAKP 084140 DOCUMENT REQUIRED
1. SIGNED COMMERCIAL INVOICE IN QUADRUPLICATE(상업송장 4부)
2. CERTIFICATE OF ORIGIN(원산지증명서)
3. FULL SET OF CLEAN 'SHIPPED ON BOARD' BILL OF LADING
   (발급된 선적선하증권 전체)
4. PACKING LIST IN DUPLICATE(포장명세서 2부)

⑫ F.O.B. Busan
⑬ DRAFT AT SIGHT
⑭ PARTIAL SHIPMENT PROHIBITED
⑮ TRANSSHIPMENT PERMITTED
⑯ FOR TRANSPORTATION TO MUMBAI INDIA
⑰ LATEST DATE OF SHIPMENT 15 MAY 2018
⑱ DESCRIPTION OF GOODS: PARTS FOR REMOTE CONTROL
⑲ THIS CREDIT IS SUBJECT TO THE UNIFORM CUSTOMS AND PRACTICE FOR
DOCUMENTARY CREDIT(1993 REVISION), ICC PUBLICATION NO. 500

YOURS FAITHFULLY
Morgan
Authorized Signature

이 신용장은 인도의 수입상이 수출상인 한국의 삼아코리아를 수익자 (Beneficiary)로 하여 거래은행에 발행을 의뢰한 내용이다. 신용장을 발행(개설)한 은행은 인도의 IMPORT BANK OF INDIA이며, 한국의 KOREA EXPORT BANK에 신용장을 수출상에게 통지하도록 요청하였다.

여기에서 총금액인 어마운트(amount)는 18,750 US달러이며, 대금을 지급받을 수 있는 만기일인 익스파이어리(Expiry Date)는 2018년 5월 30일이라는 점이다. 더욱 중요한 점은 2018년 5월 15일까지 수출상은 수입상에게 보낼 물품을 선적해야 한다는 점이다. 수출상은 선하증권이나 네고서류에 이러한 사실을 정확히 기록해야 이 네고은행에서 대금을 지급받을 수 있다.

① Irrevocable Letter of Credit(취소불능신용장)은 일단 발행되면 수입상이나 수입상거래은행은 수출상의 동의가 없으면 취소할 수 없는 신용장이란 뜻이다. 수출상은 취소불능이어야만 안심하고 물품을 조달하여 선적할 수 있기 때문이다.

② Korea Export Bank는 통지은행이다. 신용장의 윗부분에 나와 있기 때문에 흔히 신용장을 발행한 은행으로 오해하기 쉽다. 그래서 ⑩에는 "At the request of the above named issuing bank, and without any engagement or responsibility on our part, we are pleased to the attached Irrevocable Letter of Credit"(위의 개설은행의 요청에 따라 우리 은행은 아무런 책임부담 없이 취소불능 화환신용장을 통지한다)"라는 조건을 삽입하여 관계당사자와는 관련 없이 단지 신용장을 통지해 주는 역할만 하고 있다.

③ Beneficiary: 이 신용장으로 혜택을 많이 받는 측은 수출상이다. 수출상은 수입상에게 물품이 도착하기 전에 선적서류를 갖추어 거래하여 네고함으로써 대금을 결제받을 수 있기 때문이다. 이 신용장에서는 수출상인 삼아코리아가 수익자, 즉 베네피셔리가 된다.

④ Amount: 이 신용장의 총금액은 US달러 18,750이다. 달러에도 싱가포르달러, 홍콩달러 등이 있기 때문에 반드시 US달러라는 표시가 있어야 한다.

⑤ Expiry Date: 2018년 5월 30일이 이 신용장의 만기일이다. 만일 5월 30일이 지나면 수출상은 이 신용장으로 네고, 즉 대금을 결제받을 수 없다. 그래서 반드시 이 기간 내에 서류를 갖추어 네고를 해야 한다.

⑥ 신용장 번호는 'ANDHER0807010'이며 네고서류인 선하증권(Bill of Lading) 및 송장(Commercial Invoice) 및 패킹리스트(Packing List) 등의 서류에 신용장 번호를 정확하게 기입해야 한다. 번호가 조금이라도 틀리면 대금을 지급받지 못할 리스크가 크기 때문이다.

⑦ 'DATE OF ISSUE'는 신용장을 발행한 날로써 4월 21일이 된다.

⑧ 'Applicant'는 개설의뢰인이란 뜻으로 이 신용장을 자신의 거래은행에 개설(발행)할 것을 의뢰한 측을 뜻하며 주로 수입상이 된다.

⑨ 신용장을 개설(발행)한 은행으로 인도 뭄바이은행이다. 뭄바이은행은 신용장을 개설하여 수출상소재지인 한국의 신용장통지은행을 경유하여 수출상에게 신용장이 개설되었음을 통지해야 한다. 이는 수입상을 대신하여 신용장을 발행한 은행이 수출상에게 대금을 지불할 것을 확약하는 것이다. 다시 말해 수입상의 신용을 은행측이 대신해 주는 것이다.

⑩ ②참조.

⑪ 수출상이 대금을 결제 받는 데 필요한 서류명세이다. 어떤 의미인가 하면 견적송장인 'PER PRO FORMA INVOICE NO SAKP 184140'에 따라 필요한 서류는 다음과 같다는 점을 명시하고 있다.

- SIGNED COMMERCIAL INVOICE IN QUADRUPLICATE(상업송장 4부)
- CERTIFICATE OF ORIGIN(원산지증명서)
- FULL SET OF CLEAN 'SHIPPED ON BOARD' BILL OF LADING(발급된 선적선하증권 전체)

• PACKING LIST IN DUPLICATE(포장명세서 2부)

　　수출상은 위의 서류와 함께 수입상이 지급해야 하는 수입대금에 해당하는 환어음을 발행하여 거래은행에 제출하여 네고(negotiation)한다. 네고는 협상이라는 의미를 뜻한다. 여기서는 수출상이 제출한 네고서류를 은행의 외환계담당자가 신용장조건과 네고서류를 맞추어 보고 정확하게 일치한다면 수출대금을 지급하는 것을 의미한다. 따라서 은행 측은 수출상이 물품을 선적하는 것을 확인하지 않고 오로지 서류상으로만 확인하여 대금을 결제해 주게 된다. 그래서 이를 악용한 범죄가 발생할 수 있다. 실제로 수출상이 수출물품을 선적하지 않고 선적한 것처럼 꾸민 뒤 선하증권을 발급받거나, 아니면 선하증권을 위조하여 거래은행에 네고한 뒤에 도주하거나 잠수하게 되면, 네고은행은 그 금액만큼의 손실이 발생된다. 그래서 네고은행은 미리 수출상으로부터 신용장금액이나 그 이상에 해당하는 금액의 담보를 설정한 환거래계약을 체결하고 수출상의 네고에 응하게 된다.

⑫ F.O.B. Busan은 가격조건으로서 수출상이 부산항에서 선박에 물품을 선적하면 곧바로 수출상의 리스크부담과 소유권이 수입상에게 이전됨을 뜻하는 가격조건이다. 다시 말해 수출상은 물품을 선적만 하며, 나머지 운임과 보험료는 수입상이 부담하는 조건이다. FOB는 CIF, CFR(C&F) 등의 조건과 함께 가장 많이 쓰이는 무역조건이다. 이에 따른 규정은 ICC의 INCOTERMS에 잘 나타나 있다.

⑬ DRAFT AT SIGHT는 네고와 동시에 대금을 결제받을 수 있는 조건이다. 이에 비해 USANCE 조건은 외상조건으로 30일이나 60일 뒤에 수입상이 대금을 결제해 주겠다는 조건이다. 수출상은 그동안의 이자를 제하고 거래은행으로부터 대금을 지급받을 수 있다. 이 경우 정부는 수출금융을 은행에 지원하여 이자율을 낮게 책정함으로써 수출을 진흥시키기 위한 정책을 실시하기도 했다.

⑭ PARTIAL SHIPMENT PROHIBITED는 분할선적을 금지하는 조건이다. 그러나 물품에 따라서, 예를 들면 제조일이 장기간일 때에는 우선 제조된 물품을 선적하라는 뜻에서 'PARTIAL SHIPMENT PERMITTED'라는 표현을 쓴다.

⑮ TRANSSHIPMENT PERMITTED는 아프리카나 남미 등의 나라로 직행하는 선박은 잘 없기 때문에 태국이나 홍콩 등에서 환적(換積)하여 간다. 일반적으로 모든 신용장에는 환적이 허용되는 것으로 표기된다.

⑯ FOR TRANSPORTATION TO MUMBAI INDIA는 인도 뭄바이항구까지 운송한다는 뜻으로 뭄바이가 화물의 최종도착지이다.

⑰ LATEST DATE OF SHIPMENT는 최종선적일로서 2018년 5월 15일까지 선적되어야 한다. 이는 선하증권상에 5월 15일까지 선적되었다는 점이 표기되어 있어야 하며, 그 이후에 선적된 것으로 나타나 있으면 대금을 결제받을 수 없다.

⑱ DESCRIPTION OF GOODS: PARTS FOR REMOTE CONTROL은 물품명세로서 리모콘부품을 뜻한다.

⑲ 이 신용장은 관계당사자들간의 분쟁이 발생할 때에는 1993년 개정된 신용장통일규칙에 근거하여 해결하겠다는 내용이다.
THIS CREDIT IS SUBJECT TO THE UNIFORM CUSTOMS AND PRACTICE FOR DOCUMENTARY CREDIT(1993 REVISION), ICC PUBLICATION NO. 500

5. Commercial Invoice(상업송장)

COMMERCIAL INVOICE

① Shipper/Exporter(선적자, 수출상) SAM−A KOREA CO., LTD SEOUL KOREA	⑧ No. and date of Invoice SAK90506T MAY. 06. 2018

② For Account & Risk of Messers
  Mumbai Importing Co. Ltd.
  A 888 Nagar Agarwadi
  Mankhurd Mumbai 300 033
  Fax 22−000−0000
	⑨ L/C No. and date
	  Credit No: ANDHER0807010 APR. 21. 2018

③ Notify Party
  IMPORT BANK OF INDIA, ANDHERI EAST BRANCH
  MUMBAI INDIA
	⑩ L/C Issuing Bank
	  IMPORT BANK OF INDIA,
	  ANDHERI EAST BRANCH MUMBAI
	  INDIA

④ Port of Loading
  BUSAN KOREA
	⑤ Final Destination
	  MUMBAI INDIA
		⑪ Remarks

⑥ Carrier KMTC KEELUNG 907S	⑦ Sailing on or abort MAY. 08. 2018	"Freight To Pay"

⑫ Shipping
  Marks
	⑬ Description
	  of Goods
		⑭ Quantity Unit	⑮ Unit
			  price
				⑯ Amount
				  CIF INDIA

SAK C/T NO: 1−13 MADE IN KOREA	REMOTE CONTROL 15,000PCS @US$1.25			US$18,750.−

TEL : (82−2) 3453−0000, FAX NO : (82−2) 3453−0000 E−MAIL : jj11888@freechal.com, ADRESS : 9FL SAMIL Plaza BLDG, 837−26 YEOKSAM−DONG KANGNAM−KU, SEOUL KOREA	FOR & ON BEHALF OF SAM−A KOREA CO. LTD. *B.H.Kim* Authorized Signature Signed by SAM−A KOREA CO., LTD SEOUL KOREA

Commercial Invoice는 매매당사자를 확인하여 다음과 같은 거래 내용정
보를 요약하므로 당사자에게는 매우 중요하다.

- 수출상의 의무를 확인한다.
- 수입상 측이 세관통과를 위해 선적하라는 지시사항이 있다.
- 제3자인 은행과 수출상의 자금조달을 위한 사항이 있다.
- 해상보험계약을 위한 내용을 확인한다.

6. Packing List(포장명세서)

Packing List는 다음과 같은 역할을 한다.

- 물품을 선적하기 위하여 지시를 받은 내용을 다시 확인한다.
- 컨테이너 외의 선적일 경우 분실될 수 있는 화물의 가치를 확인한다.
- 수입상이 화물을 인수하기 위한 준비를 할 수 있게 한다.
- 해상보험계약을 위한 사고발생 기준이 된다.

<table>
<tr><td colspan="6" align="center"><h2>PACKING LIST</h2></td></tr>
<tr><td colspan="3">① Shipper/Exporter
SAM－A KOREA CO., LTD
SEOUL KOREA</td><td colspan="3">⑧ No. and date of Invoice
SAK90506T   MAY. 06. 2018</td></tr>
<tr><td colspan="3">② For Account & Risk of Messers
Mumbai Importing Co., Ltd.
A 888 Nagar Agarwadi
Mankhurd Mumbai 300 033
Fax 22－000－0000</td><td colspan="3">⑨ Remarks :
IMPORT BANK OF INDIA, ANDHERI
EAST BRANCH MUMBAI INDIA
L/C No: ANDHER0807010
"Freight to Pay"</td></tr>
<tr><td colspan="3">③ Notify Party
IMPORT BANK OF INDIA, ANDHERI EAST
BRANCH MUMBAI INDIA</td><td colspan="3" rowspan="3">L/C Issuing Bank

IMPORT BANK OF INDIA,
ANDHERI EAST BRANCH MUMBAI INDIA</td></tr>
<tr><td colspan="1.5">④ Port of Loading
BUSAN KOREA</td><td colspan="1.5">⑤ Final Destination
MUMBAI INDIA</td></tr>
<tr><td colspan="1.5">⑥ Carrier
KMTC KEELUNG 907S</td><td colspan="1.5">⑦ Sailing on or abort
MAY. 08. 2018</td></tr>
<tr><td>⑩ Shipping
Marks</td><td>⑪ Description
of Goods</td><td>⑫ Quantity
Unit</td><td>⑬ Net－
Weight</td><td>⑭ Gross－
Weight</td><td>⑮ Measurement</td></tr>
<tr><td>SAK
C/T NO: 1－13
MADE IN
KOREA</td><td>REMOTE
CONTROL</td><td>15,000PCS</td><td>1,600KG</td><td>1,700KG</td><td>6,300CBM
(cubicmeter)</td></tr>
<tr><td colspan="3">TEL   : (82－2) 3453－0000,
FAX NO : (82－2) 3453－0000
E－MAIL : jj11888@google.com,
ADRESS : 9FL SAMIL Plaza BLDG, 837－26
YEOKSAM－DONG KANGNAM－KU, SEOUL KOREA</td><td colspan="3">FOR & ON BEHALF OF
SAM－A KOREA CO. LTD.
B.H.Kim
Authorized Signature
Signed by
SAM－A KOREA CO., LTD
SEOUL KOREA</td></tr>
</table>

7. 선하증권(Bill of Lading)

Shipper/Consignor SAM－A KOREA CO., LTD SEOUL KOREA 9FL SAMIL Plaza BLDG, 837－26 YEOKSAM－DONG KANGNAM－KU, SEOUL KOREA				**Bill OF LADING** (MULTIMODAL LADING) B/L No: HANBOM051017	
Consignee TO ORDER				**HAN TRANSPORT CO. LTD** INTERNATIONAL FREIGHT FORWARDERS	
Notify Party IMPORT BANK OF INDIA, ANDHERI EAST BRANCH MUMBAI INDIA					
Place of receipt BUSAN, KOREA		Port of loading BUSAN, KOREA			
Ocean vessel KMTC KEELUNG 907S					
Port of discharge MUMBAI INDIA		Place of delivery MUMBAI INDIA			
Marks Shipping Marks		Description of Goods	Quantity Unit	Unit price	Amount F.O.B. Busan
SAK C/T NO: 1－13 MADE IN KOREA		REMOTE CONTROL @US\$1.25 15,000PCS "Freight to Pay"			US\$18,750.－
FOR & ON BEHALF OF SAM－A KOREA CO. LTD. ***B.H.Kim*** Authorized Signature Signed by SAM－A KOREA CO., LTD SEOUL KOREA					

선하증권은 운송회사(Shipping Line, Air Line)가 물품을 선적하였다는 사실을 증명하는 서류이다. 수출상은 선하증권을 발급받아야 네고은행에서 대금을 결제받을 수 있고, 수입상은 선하증권을 제시해야만 물품을 인수받을 수 있기 때문에 무역서류 중에 가장 중요한 서류이다.

선하증권은 선박회사가 주로 수출상인 화주(貨主)로부터 의뢰받은 화물을 자기선박에 적재하거나 또는 선적하기 위하여 그 화물을 수령하였다는 것을 증명하고, 이를 도착항에서 화물을 인수하려는 수화인(受貨人)에게 인도할 것을 약정하는 유가증권이다.

수출상은 물품을 선적하고 선하증권을 발급받으면 신용장상에 명시된, 네고에 필요한 서류를 작성하여 자신의 거래은행인 네고은행에 제출하고 대금을 회수할 수 있다. 그러나 선하증권이나 서류에서 신용장의 내용과 다를 경우에는 분쟁이 발생되거나, 대금을 지급받지 못할 리스크가 있으므로 주의해야 한다.

일반적인 무역거래에서 수출상이 보낸 물품이 수입상에게 도착하기까지는 상당한 기간이 소요된다. 수입상 측으로서는 물품이 안전하게 도착할 것인가를 확인하기가 어렵고, 운송 중의 물품을 처분하기도 곤란한 리스크가 있다. 그런 경우에 수출상은 선하증권 자체를 양도하여 해상운송 중의 물품을 신속하게 처분할 수 있다. 다시 말해 선하증권은 수출상이 수입상에게 보낼 수출품을 선박회사(운송인)가 수령한 뒤에, 그 수취 혹은 선적한 사실을 증명하고, 목적지에서 증권의 정당한 소지인(일반적으로 수입상)에게 운송물품을 인도할 것을 약속한 증권이다.

현재는 무역에서 대금결제 시에 상업송장, 보험증권 등과 함께 가장 중요한 서류이다. 그래서 선하증권의 유통성확보와 증권소지인의 보호를 위하여 선하증권의 발행 및 기재사항에 대해서 법률로서 정하고 있다. 선하증권에 관한 일정한 사항에 대해서는 헤이그규칙에서 규정하고 있고, 그 외의 문제는 국내법에서 정하고 있다. 따라서 국제계약에서 이용되는 선하증권은 국제해상물품운송법이 적용되지만, 국내상법의 규정을 준용하는 것에 의해서 조약의 규정을 보완하고 있다.

8. 원산지 증명서(Certificate of Origin)

① Exporter(Name, address, country) SAM−A KOREA CO., LTD 9FL SAMIL Plaza BLDG, 837−26 YEOKSAM−DONG KANGNAM−KU, SEOUL KOREA	ORIGINAL **CERTIFICATE OF ORIGIN** issued by THE KOREA CHAMBER OF COMMERCE & INDUSTRY Seoul, Republic of Korea	
② Consignee(Name, address, country) Mumbai Importing Co. Ltd. A 888 Nagar Agarwadi Mankhurd Mumbai 300 033 Fax 22−000−0000		
④ Transport details From : BUSAN, KOREA To : MUMBAI INDIA By : SALING ON OR ABUT APR. 25, 2018	③ Country of Origin REPUBLIC OF KOREA ⑤ Remarks	
⑥ Marks & numbers ; number and kind of packages ; description of goods		⑦ Quantity
S. A MUMBAI INDIA S/# : 4794FX MADE IN KOREA	REMOTE CONTROL L/C NO. Credit No: ANDHER0507010 APR. 21. 2018	15,000PCS
⑧ Declaration by the Exporter SAM−A KOREA CO., LTD SEOUL KOREA Signed by *B.H.Kim* Authorized Signature	9. Certification Authorized Signatory Certificate No.	
THE KOREA CHAMBER OF COMMERCE & INDUSTRY		

원산지 증명서는 수출상(매도인) 국가의 상공회의소나 기타 관계기관에서
발행하는 서류이다. 물품의 원산지를 나타낸다.

무신용장조건의 결제방식

01 추심방식의 개념

신용장에 의하지 않은 무역거래의 결제로 은행을 통한 환어음의 추심방식을 말한다. 즉, 수출계약서만을 근거로 수출하는 경우로 수출자 은행을 통하여 수입자에게 환어음 및 계약서에서 요구하는 제반서류를 제시하고 수입자로부터 환어음 대금이 입금한 후에야 수출자에게 대금을 지급하는 추심방식을 택한다.

환어음 추심결제의 지급조건이 일람급인 경우는 지급도(documents against payment: D/P)라 하고, 기한부인 경우는 인수도(documents against acceptance: D/A)라 한다. D/P는 수입상이 수입대금을 지급하고 선적서류를 인수하는 방식으로 환어음과 운송서류를 받은 수입상 거래은행은 수입상이 환어음 대금(수입대금)을 일람 지급하면 운송서류를 인도하여 준다. D/A는 어음의 인수와 동시에 운송서류를 인도하여주고 그 어음의 만기일에 어음지급인에게서 대금을 받는 방식이다. 인수방식은 환어음 표면에 인수 또는 이와 동일한 의미가 있는 문자를 표시하고 지급인이 기명·날인한다.

따라서 D/P, D/A 조건인 화환어음이 수출지에서 매입되려면 수출어음보

표 3-1 신용장방식과 추심방식의 차이점

신용장방식	추심방식
은행의 신용	수입업자의 신용
개설은행의 지급확약	은행의 지급확약 없음
신용장 개설 담보금(수입업자)	필요 없음
은행어음(지급인 : 개설은행)	개인어음(지급인 : 수입업자)
추심 전 매입	추심 후 지급
수출업자에게 유리	수입업자에게 유리
신용장통일규칙(UCP) 적용	추심에 관한 통일규칙(URC) 적용

험의 가입이 조건 되어져야 한다. D/P, D/A 어음결제의 경우 은행에 제시하는 서류는 신용장만 없을 뿐이지 나머지는 신용장결제와 동일하다.

02 추심방식의 당사자

(1) 추심의뢰인(principle)

추심의뢰인은 약정물품을 선적하고 자신의 거래은행에 그 물품대금의 추심을 의뢰하는 매매계약상의 매도인(seller)인 수출자(exporter)를 말한다. 매도인은 약정물품을 선적한 후에 추심을 위해 화환어음을 발행하기 때문에 환어음 발행자(drawer)이다. 추심의뢰인은 원칙적으로 대금추심에 따른 모든 수수료와 제반 비용을 부담하여야 하며, 추심의뢰서에 그 추심관련 비용을 어음지급인으로부터 추심하도록 명시하였더라도 그 지급인이 이를 거절할 경우에는 추심의뢰인인 매도인이 최종적으로 부담하여야 할 의무가 있다.

(2) 추심의뢰은행(remitting bank)

추심의뢰은행은 수출자인 추심의뢰인로부터 대금추심을 의뢰받은 국가에 있는 은행을 말하는데, 통상적으로 추심의뢰인의 거래은행이며 추심의뢰인의 대리인 성격을 가지고 있다. 그러므로 추심의뢰은행은 추심의뢰인의 지시를 엄격히 이행하여야 하며 추심의뢰인의 사전 동의 없이 그 지시내용을 변경하여서는 안 된다.

(3) 추심은행(collecting bank)

추심은행은 수입자인 어음지급인에게 선적서류의 도착통지와 함께 추심의뢰은행의 지시에 따라 어음지급인에게 그 서류를 인도하고 물품 대금을 추심하여 그 대금을 추심의뢰은행의 지시대로 송금하는 은행이다. 이 은행은 추심의뢰은행의 대리인의 성격을 가지고 있기 때문에 추심의뢰은행의 지시를 엄격히 따라야 한다.

(4) 제시은행(presenting bank)

추심거래에서 제시은행은 수입자인 어음지급인에게 직접 선적서류를 제시하는 은행으로서 넓은 의미에서 추심은행에 포함된다. 일반적으로 추심은행이 매수인의 거래은행이 아닌 경우에 제시은행이 존재하게 된다. 추심의뢰은행은 매도인으로부터 추심을 의뢰받은 선적서류를 추심은행으로 발송하면 그 추심은행은 어음지급인에게 서류도착을 추심은행에 통지한다. 이때 지급인도(D/P)인 경우에는 그 결제대금을 수납하고 선적서류를 인도하고, 인수지급도(D/A)인 경우에는 환어음의 인수절차를 종료하고 서류를 인도한다.

(5) 어음지급인(drawee)

추심거래에서 수출지 추심의뢰은행의 추심의뢰에 대하여 최종적으로 대금지급을 하거나 또는 환어음을 인수하는 매수인을 말한다. 추심은행에 추심대금을 지급을 하는 자로서, 이는 통상 수입자이며 수하인이다.

03 추심방식의 법률관계

추심에 관한 통일규칙(Uniform Rules for Collections: URC)은 국제적인 추심에서 상호 법률과 관습이 다른 외국의 당사자들이 개재하기 때문에 그 처리에 있어서 분쟁의 발생 가능성이 많아 이를 제거하기 위하여 국제상업회의소(ICC)에 의하여 제정된 추심에 관한 국제적 통일규칙이다. 국제상업회의소가 1956년에 처음 제정한 추심통일규칙은 현재까지 3차에 걸쳐 개정이 이루어졌으며, 세계 대부분 국가의 은행들이 채택하여 사용하므로 정형거래조건(INCOTERMS), 신용장통일규칙(UCP) 등과 함께 국제무역과 관련된 국제관습 및 관행을 국제적으로 통일시키므로 분쟁예방을 통한 국제무역의 활성화에 기여하고 있다.

(1) 추심의뢰인의 의무

추심의뢰인은 추심의뢰은행이 자신의 지시사항을 이행하기 위하여 다른 은행의 서비스를 이용함으로써 발생되는 비용이나 위험에 대한 책임을 부담하여야 한다. 그리고 추심과 관련하여 다른 당사자에게 서비스를 이용하도록 지시함으로써 외국의 법률과 관행에 의해 부과되는 모든 의무와 책임을 부담하여야 한다. 추심의뢰인은 은행이 전달한 지시가 이행되지 아니한 경우에도 그 은행에게 의무나 책임을 부담시킬 수 없다. 이는 그 은행이 다른 은행의 선택을 주도한 경우에도 그러하다.

추심에 관련된 비용으로는 추심의뢰은행의 추심료, 전신료, 기타 비용 등을 들 수 있으며, 추심의뢰인이 부담하는 위험으로는 서류 분실이나 추심지시서의 각종 지시사항이 제대로 이행되지 않았을 경우에 발생할 수 있는 위험 등이 있다.

(2) 추심관계은행의 의무

추심에 관계하는 은행은 추심의 목적을 충분히 달성할 수 있도록 신의성실(good faith)에 따라서 행동하고 상당한 주의를 다하여야 하며, 현지의 관행과 법률에 따라 행동해야 한다. 특히 추심의뢰은행은 관습이 서로 다른 국가 간의 추심거래이므로 추심의뢰서상에는 분명하고 명료하게 추심에 관한 지시를 하여야 한다.

추심지시서는 다음과 같은 정보를 포함한다. ① 추심을 의뢰하는 은행의 명칭, 우편주소 및 SWIFT 코드번호, 텔렉스, 전화번호, 팩스번호 및 참조 사항을 포함한 명세 ② 추심의뢰인의 명칭, 우편주소, 그리고 해당되는 경우, 텔렉스, 전화번호, 팩스번호를 포함한 명세 ③ 지급인의 명칭, 우편주소 또는 제시가 이행될 주소 및 해당되는 경우 텔렉스, 전화번호, 팩스번호를 포함한 명세 ④ 추심금액과 통화, 동봉한 서류명세와 각 서류의 부수, 지급 또는 인수 조건, 그리고 서류의 인도조건, 추심될 수수료, 수수료가 포기될 수 있는지의 여부 등이 기재된다.

(3) 추심관계은행의 면책

은행은 우선 서류의 효력에 대해 책임을 부담하지 아니한다. 즉 서류의 형식, 충분성, 정확성, 진정성, 위조 또는 법적 효력, 또는 서류에 명시되어 있거나 또는 이에 첨가된 일반 또는 특별 조건에 대하여 어떠한 의무 또는 책임을 지지 아니한다. 또한 은행은 모든 서류에 명시되어 있는 물품의 명세, 수량, 중량, 품질, 상태, 인도, 가치 또는 존재에 대하여, 또는 물품의 송하인, 운송인, 운송주선인, 수하인, 보험자 또는 그 이외 모든 자의 성실성 또는 작위 또는 부작위, 지급능력, 채무이행 또는 재정 상태에 대해 어떠한 의무 또는 책임을 지지 아니한다.

은행은 통신의 송달 중에 발생하는 지연, 분실 및 번역상의 오류에 대해 책임을 지지 아니한다. 즉 모든 메시지, 서신 또는 서류의 송달 중에 지연 또는 분실로부터 발생하는 결과에 대하여, 또는 모든 전신통신의 송달 중에 발생하는 지연, 훼손 또는 기타 오류에 대하여 또는 전문 용어의 번역 또는 해석상의 오류에 어떠한 의무 또는 책임을 지지 아니한다. 또한 은행은 접수된 어떠한 지시의 명확성을 기하기 위한 필요성으로 소요되는 모든 지연에 대해 책임을 지지 아니한다.

한편 은행은 천재지변, 폭동, 소요, 반란, 전쟁, 또는 은행이 통제할 수 없는 그 이외의 원인 또는 동맹파업이나 직장폐쇄로 인한 은행업무의 중단으로부터 발생하는 결과에 대하여 아무런 의무 또는 책임을 지지 아니한다.

04 추심방식의 거래절차

추심결제 방식의 절차는 다음과 같다. ① 매도인과 매수인은 D/P 또는 D/A 조건으로 결제하기로 하는 무역계약을 체결한다. 이 경우 계약서에 일시

지급인 경우에는 D/P, 일정기간 외상거래인 기한부 지급인 경우에는 D/A 조건으로 한다. ② 매도인은 선박 또는 항공을 수배하여 계약서에 따라 물품선적을 완료하고 선박회사 또는 항공회사로부터 선하증권(B/L) 또는 항공화물운송장(AWB)을 교부받는다. ③ 환어음을 매도인은 추심의뢰은행(remitting bank)으로 선적서류에 첨부하여 추심의뢰를 한다. ④ 추심의뢰은행은 매수지의 추심은행(collecting bank)에 선적서류를 송부하고 추심을 의뢰한다. 이때 우리나라에서는 매도인의 신용이 양호한 경우에는 추심의뢰은행과 외국환거래약정 및 여신약정을 체결하고 추심 전 매입을 하여 물품대금을 조기 회수할 수도 있다. ⑤ 추심은행은 매수인에게 선적서류 도착통지를 한다. ⑥ 매수인은 D/P 거래인 경우는 추심은행에 물품대금을 지급하고, D/A 거래의 경우에는 인수절차를 종료하고 선적서류를 수령한다. ⑦ 추심은행은 D/P 거래인 경우에는 어음지급인으로부터 물품대금을 수납하여 추심의뢰은행의 지시대로 추심대전을 송금한다. D/A 거래인 경우에는 어음만기일을 통지 하고 만기가 도래할 때 대금을 수납하여 추심의뢰은행의 지시대로 송금한다. ⑧ 추심의뢰은행은 추심은행으로부터 추심대금의 입금이 확인되면, 매도인에게 추심대전을 지급한다. ⑨ 수출지에 소재하는 선박회사 또는 항공회사는 매수인에게 화물도착 통지를 한다. ⑩ 매수인은 선박회사로부터 화물도착 통지를 받으면 선적서류를 선박회사에 제시하고 화물인수 절차를 진행한다.

그림 3-1 추심방식에 의한 거래절차

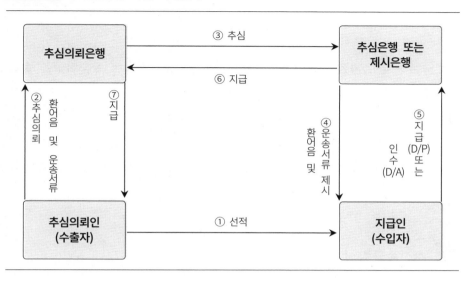

송금방식에 의한 대금결제란 수입업자가 수출업자에게 물품대금을 송금하여 결제하는 방식을 말한다. 수입업자의 물품 인도시기에 따라 단순송금방식, 대금교환도방식, 신용카드방식 등으로 분류한다. 송금시기에 따라 위험부담자가 바뀐다. 즉, 송금시기에 따라 사전송금방식과 사후송금방식으로 나뉘는데, 사전송금이면 수입업자가 사후송금이면 수출업자가 위험을 부담한다.

01 사전송금방식

수출업자가 물품을 선적하기 전에 수입업자가 대금의 전액을 송금하는 방식이다. 수입업자가 수출업자에게 송금하는 수단에 따라 수표송금방식, 우편환송금방식(M/T), 전신환송금방식(T/T) 등이 있다.

(1) 수표송금방식

수표발행은행이 교부한 송금수표를 수입업자가 직접 수출업자에게 보내고 이를 받은 수출업자가 자신의 거래은행에 지급하도록 제시하면 이 은행은 수표에 기재된 결제은행 앞으로 교환·회부하여 이 결제대금으로 수출업자에게 송금대금을 지급한다. 긴급을 요구하지 않은 송금 또는 소액 송금의 경우 주로 이용한다.

수표는 개인수표나 은행수표 추심이 완료되고 수출업자의 구좌에 입금되었을지라도 수표발행인이 사후에 분실 또는 도난당한 것으로 주장하는 경우 수령한 대금을 상환하여야 한다. 따라서 수표는 지급보장이 명확치 않으므로 수입업자의 신용상태가 확실하지 않으면 받지 않는 것이 바람직하다.

(2) 우편환 송금방식(Mail Transfer: M/T)

수입업자의 요청에 따라 송금은행이 지급은행 앞으로 일정한 금액을 수출업자에게 지급하여 줄 것을 위탁하는 지급지시서를 우편으로 보내는 방식을 말한다. 수출업자는 지급은행에게서 송금도착통지서를 받아 송금대전을 지급받는다.

이 방식은 지급지시서의 우송 중에 분실 또는 도난과 같은 송금에 따른 위험은 은행이 부담한다. 은행은 지급지시서가 분실되어도 부본으로 지급할 수 있으므로 수표송금방식보다 안전하다. 그러나 송금기간이 길어서 우송되는 동안에 환율의 변동에 따른 위험이 따른다. 신속한 결제를 요하지 않거나 소액송금 시 주로 사용하나 현재는 거의 이용하고 있지 않다.

(3) 전신환 송금방식(Telegraphic Transfer: T/T)

수입업자의 요청에 따라 송금은행이 지급은행 앞으로 일정한 금액을 지급하여 줄 것을 위탁하는 지급지시서(payment order)를 전신으로 보내는 방식을 말한다.

송금과정에서 모든 위험은 은행이 부담한다. 송금과정이 신속하고 편리하여 분실이나 도난의 위험이 없을 뿐 아니라 환율변동에 따른 위험도 거의 없이 안전하므로 무역대금결제에 많이 사용하는 송금방식이다.

02 사후송금방식

수출업자가 물품 또는 서류를 인도할 때 수입업자가 스스로 대금을 지급하는 방식으로 수출입대금의 결제가 이루어지는 것을 말한다. 환어음이 필요하지 않으며 일반적으로 은행이 개입되지 않는다.

외화결제사정이 안 좋은 구 공산권 또는 과다한 인지세로 인하여 대금결제시 환어음의 개입을 꺼리는 유럽지역의 수출에 많이 이용된다.

(1) 현물상환 방식(Cash On Delivery: COD)

수출업자가 수입국에서 수입통관을 완료하고 수입업자에게 물품을 인도할 때 대금을 수령하는 결제방식이다. 통상 수출업자의 지사나 대리인이 수입국에 있는 경우에 사용한다. 경우에 따라서는 특사배달 또는 항공회사와 제휴하여 수입업자에게 물품을 인도하면서 대금을 회수한다. 주로 귀금속과 같은 고가품을 거래할 때 활용하는 결제방식이다.

(2) 서류상환 방식(Cash Against Documents: CAD)

수출업자가 물품을 선적한 후 수출국에서 수입업자에게 선적서류를 인도할 때 대금을 수령하는 결제방식이다. 통상 수입업자의 지사나 대리인이 수출국에 있는 경우에 사용한다.

통상 물품보다 선적서류가 먼저 도착하는 것이 보통이므로 본 조건에서는 물품의 품질이나 수출업자의 사기 등에 대해 수입업자가 불안해 할 수 있다. 이러한 위험에 대비하여 본 조건을 사용하는 수입업자는 수출국가 내에 자신의 대리인이나 지사를 두고 있는 경우에 활용하며, 대리인이 상품의 포장 전에 품질을 검사하고, 또는 선적 전에 물품을 검사하는 경우가 많다.

SECTION 03 팩토링방식

01 팩토링의 개념

　팩토링(factoring)이란 상품 또는 용역의 공급자가 구매자에 대한 외상매출채권을 팩토링회사(factor)가 매입하면서 간접적으로 금융을 제공하는 방식이다. 이러한 팩토링은 기업의 상거래활동에서 발생하는 채권을 매입하여 관리·회수하고 계속적인 금융을 제공하며, 고객의 신용조사 및 신용위험의 인수, 청구업무 등을 수행하는 금융서비스이다. 국제팩토링(international factoring)은 팩토링 당사자의 국적에 따라서 국내와 국제로 구분하여 팩토링 당사자들의 국적이 서로 다른 경우를 말하는 것으로서 무신용장방식에 의해 무역거래가 이루어질 때 팩터가 수출업자와 수입업자 사이에서 무역대금의 지급보증과 선급금융을 제공하는 것을 말한다.

02 팩토링의 관계당사자

　팩토링거래의 기본적인 관계당사자는 클라이언트(client), 커스토머(customer), 수출팩터, 수입팩터이다.

　클라이언트는 수출업자로 수입업자와의 물품매매계약상 매도인이다. 매수인에게 계약물품을 선적하고 송장 및 선적서류를 수출팩터에게 양도하면 상업송장 금액의 일부를 선급금으로 제공받을 수 있다.

　커스토머는 수입업자로 수입팩터로부터 신용을 제공받아 이를 근거로 수입하는 매수인을 의미하고, 만기일에 물품매매계약대금을 지급할 의무가 있다.

　수출팩터는 수출국의 수출업자와 국제팩토링계약을 체결하고 이에 따라 수출업자의 수출채권을 매입하여 선급금을 제공함으로써 효율적인 운전자금을 조달하며, 수입팩터와의 상호협약에 따라 수입업자에 대한 신용조사와 채권관리, 대금회수 서비스를 제공받게 된다. 또한 수출업자의 회계업무를 대행한다.

수입팩터는 수입국에서 수입업자와 국제팩토링계약을 체결하고 수입업자의 외상수입을 위하여 신용조사를 하고 팩토링채권을 회수하여 수출팩터에게 송금하며 수입업자에 대한 회계서비스를 제공한다.

03 팩토링 거래의 절차

팩토링 결제방식은 팩토링 회사의 회원망을 통하여 이루어지는 무신용장 방식의 신용조건부로 수출시에는 외상수출로 인한 대금회수 불안을 제거하면서도 대금회수전에 수출대전을 자금화할 수 있으며, 수입시에는 신용장 없이 팩토링회사의 지급보증으로 연지급수입을 할 수 있는 무역 거래방식이다. 팩토링의 거래절차는 다음과 같다. ① 수출업자와 수입업자 사이에 외상거래의 무역상담을 한다. ② 수출자는 국제팩토링에 의하여 수출대금을 지급받기 위하여 클라이언트로서 수출팩터와 팩토링계약을 체결하고 수입자에 대한 신용조사 및 신용승낙을 의뢰한다. 팩토링 계약에서 클라이언트와 수출팩터간의 팩토링 서비스에 관한 권리와 의무가 합의된다. ③ 수출팩터는 수입국에 있는 수입팩터에게 클라이언트의 고객인 커스토머에 대한 신용조사와 신용승낙을 의뢰한다. ④ 수입팩터는 수입자인 커스토머에 대한 신용조사를 행하고, 신용승낙을 결정한다. ⑤ 수입팩터는 수출팩터에게 신용승낙 결정을 통지한다. ⑥ 수출팩터는 수출자에게 신용승낙 내용을 통지한다. ⑦ 수출자인 클라이언트는 팩토링에 의한 대금결제방식으로 무역계약을 체결하고, 물품을 선적한다. ⑧ 클라이언트는 수출채권을 수출팩터에게 양도한다. ⑨ 수출팩터는 클라이언트에게 매입대금을 지급한다. ⑩ 수출팩터는 수입팩터에게 수출채권을 양도하고 수출대금의 추심을 의뢰한다. ⑪ 수입자인 커스토머는 채권의

그림 3-2 팩토링 거래의 절차

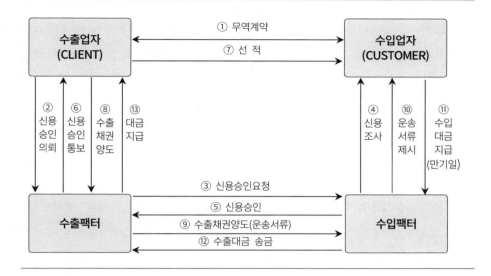

만기일에 수입팩터에게 대금을 지급한다. 수입팩터는 지급받은 대금을 수출팩터에게 송금한다.

04 팩토링의 효용

국제팩토링방식의 무역대금결제는 수출업자로서는 대금회수에 대한 불안을 제거할 수 있고 수입업자는 자금부담과 계약과 상이한 물품에 대한 불안으로부터 자유롭게 된다. 또한 무역거래 당사자는 자신의 국가에 있는 팩터와 거래하면 되기 때문에 법률적, 관습적 차이 없이 국내거래처럼 거래를 할 수 있기 때문에 편리하고, 팩터가 수출업자에게 수입업자의 지급을 보증하기 때문에 안전한 거래가 이루어질 수 있다. 한편 팩토링의 이점을 살펴보면 다음과 같다.

(1) 수출업자에 대한 이점

첫째, 수출대금을 안전하게 회수할 수 있다. 수입팩터로부터 신용승인을 받았고, 해당 물품에 대한 수입업자의 클레임이 없었을 때, 수입업자의 파산 또는 지급불능시 수입국의 팩토링 회사가 채권금액의 100%를 대신 지급하게 되므로 안전한 수출대금을 회수할 수 있다.

둘째, 선적서류 등 수출채권을 수출팩터에게 매입하고 외상수출대금을 즉시 현금화 할 수 있다. 단, 수출팩터가 신용승인한 범위내에서 상품선적 후 수출채권을 매입해야 한다.

셋째, 수출채권관리의 효율화를 기대할 수 있다. 해외 팩토링 회사를 통해 수입업자에 대한 신용조사와 외상수출대금 관리를 대신하기 때문에 해외지사의 설치효과를 거둘 수 있어 신용조사비용 등의 부대비용을 절감할 수 있고, 팩토링회사가 신용판매에 따른 구매자별 원장정리, 월별 채권회수현황 등의 매출관리서비스를 제공하므로 업무상의 편의성 및 관련 비용을 절감할 수 있다.

넷째, 새로운 시장의 개척의 기회로 활용할 수 있다. 외상거래를 하면서도 대금회수의 확실성이 높아 부실채권을 방지할 수 있고, 신용장개설이 필요 없으므로 수입업자의 부담을 경감할 수 있어 보다 나은 조건으로 상담이 가능하여 새로운 시장개척에 용이하다.

(2) 수입업자에 대한 이점

첫째, 외상구매가 가능하다. 신용이 우수한 기업은 수입팩터가 수입대금의 지급을 보증하므로 수출업자로부터 외상으로 손쉽게 물품을 구입할 수 있고, 신용판매에 따른 구매자별 원장정리, 월별 채권회수현황 등의 매출관리서비스를 제공하므로 관련 비용을 절감할 수 있다.

둘째, 수입업자의 자금부담을 경감할 수 있다. 물품수령 후 일정 기간 내에 수입대금을 결제하면 되므로 운영자금 부담이 경감된다.

셋째, 수입관련 금융비용을 절감할 수 있다. 수수료 등의 모든 거래비용은 수출업자가 부담하므로 신용장개설비용 및 부대비용을 절감할 수 있다.

넷째, 계약물품의 품질을 대금결제 전에 확인할 수 있다. 신용장방식의 서류거래와 달리 수입대금 결제 전 물품의 품질을 확인할 수 있다.

01 포페이팅의 개념

포페이팅(forfaiting)이란 국제상거래에서 일반적으로 중장기의 약속어음할인 또는 환어음할인으로써 현금을 대가로 채권을 포기 또는 양도하는 연지급어음매입방식을 말한다. 포페이팅을 통하여 수출자는 연불수출어음을 할인매입 받을 수 있으며, 수입자는 수입대금을 결제할 수 있다. 포페이팅이 국제적으로 발생할 때에 국제포페이팅(international forfaiting)이라고 한다.

기계류, 플랜트, 선박 등 거액의 수출은 발주처에서 자금 부담 때문에 일정기간 후 일시불 또는 연불로 지급하기를 원하는데, 이때 구매처 또는 구매처의 국가, 혹은 신용장 발행의 신용도가 좋지 않다면 공급자는 미지급의 위험에 처하게 된다. 이에 더불어 공급자 입장에서는 자국통화와 지급통화가 환율차이 때문에 환위험(foreign exchange)도 부담하게 된다. 이러한 위험에도 불구하고 포페이터(forfaiter)는 각종 위험을 지고 외상채권을 매입해주는 결제방식이다.

02 포페이팅의 관계당사자

포페이터(forfaiter)는 포페이팅 계약에 의하여 수출자의 연불수출어음을 상환청구불능(without recourse)의 조건으로 할인매입하고 이자, 수수료 등의 포페이팅 비용을 수령하는 금융업자를 말한다. 수출자는 연불수출계약에 의하여 물품을 인도하고 받은 수출어음을 포페이팅계약에 의하여 포페이터로부터 할인매입을 받는 당사자를 말한다. 수입자는 수출자와의 연불수입 계약을 체결하여 물품을 수입하고, 보증은행으로부터 지급보증을 받은 어음을 인도하

고, 어음만기에 보증은행을 통하여 대금을 결제하는 자를 말한다. 보증은행
(guaranteeing bank)은 수입자가 발행하는 어음에 대한 지급 보증을 행하는 은
행을 말한다. 포페이팅 계약에 의하여 포페이터가 수출자의 어음을 상환청구
불능의 조건으로 할인매입하기 때문에 어음에 대하여 지급을 보증하는 보증은
행은 신용도가 높은 일류은행이다.

03 포페이팅 거래의 절차

포페이팅은 중장기외상채권을 소구권을 행사하지 않는 조건으로 할인 매입하기
때문에 포페이터는 수입업자 자체의 신용도, 신용장 개설은행의 신용도, 그리고 국
가의 신인도 등을 고려하여 할인요율을 결정한다.
포페이팅의 거래 절차는 살펴보면 다음과 같다. ① 수출업자와 수입업자
가 포페이팅 거래 내용에 합의하고 이를 근거로 수출입계약을 체결한다. ②

그림 3-3 포페이팅 거래의 절차

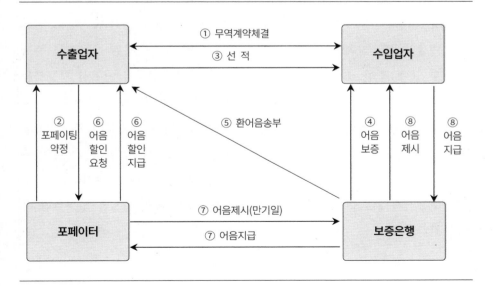

계약조건에 따라서 수출업자가 수입업자 앞으로 상품을 선적하여 인도한다. ③ 수입업자는 수출업자가 자신 앞으로 발행한 환어음 또는 수입업자가 발행한 약속어음을 거래은행으로 제출하여 보증해 줄 것을 요구한다. ④ 수입업자의 지급보증은행은 지급보증서를 수출업자에게 송부한다. ⑤ 수출자는 수입자로부터 수출대금으로 인도 받은 어음을 사전에 체결된 포페이팅 계약에 의하여 상환청구불능의 조건으로 할인 매각한다. 이때에 수출자는 어음의 이면에 배서하여 포페이터에게 양도한다. ⑥ 수출자는 포페이터로부터 할인 매각한 어음대금을 현금으로 수취한다. ⑦ 포페이터는 할인 매입한 어음의 만기에 합의된 방법에 따라 보증은행에게 상환청구한다. ⑧ 포페이터로부터 어음의 상환청구를 받은 보증은행은 어음의 지급인인 수입자에게 제시하여 어음대금의 결제를 받는다.

04 포페이팅의 효용

포페이팅은 물품거래에서 발생하는 중장기 연불채권을 상환청구권 없이 금융기관이 매입하는 무역금융의 한 형태이다. 따라서 수출자는 포페이터로부터 중장기 연불수출어음을 할인하여 매각하므로 신용거래를 현금거래로 전환시켜 매출채권의 신속한 자금화가 가능하다. 따라서 수출자는 유동성을 증가시킬 수 있다. 또한 소구권을 행사하지 않음으로서 수입자가 만기시 지급불능 또는 지연상태에 빠지더라도 수출자는 대금을 반환할 책임을 지지 않는다. 따라서 수출신용장 매입은행에 요구하는 담보제공이나 여신한도가 필요 없다. 포페이팅에서 포페이터는 수입국 일류은행의 지급보증이 되어 있는 어음만을 상환청구불능조건으로 할인하여 매입한다. 따라서 포페이팅은 중장기 연불수출의 대금결제를 보증하는 기능을 한다. 또한 포페이팅의 이점을 살펴보면 다음과 같다.

(1) 수출업자에 대한 이점

첫째, 포페이팅은 정치적, 상업적 위험을 제거할 수 있다. 이자율 변동 또는 환율변동으로부터 보호될 수 있고, 수입신용장 발행은행의 신용위험을 피할 수 있다. 둘째, 수출자로 하여금 수입상에게 장기 신용을 제공해 줄 수 있도록 함으로써 금융상의 비교우위 확보가 가능하다. 또한 선적 후 필요한 서류 제출시 신속한 현금 확보를 통하여 수출자의 재무구조를 개선시킬 수 있으며 자금회전의 원활로 매출과 이익이 증대될 수 있다. 셋째, 포페이팅 가능성 여부에 대해 수출자에게 신속히 통보되고 제시 서류가 간편하다. 넷째, 수입자와 신용장발행은행이 공모하여 고의적인 클레임 제기시나 기타 구실을 내걸어 대금지급지연 문제를 피할 수 있다. 다섯째, 연지급기간 동안의 금리를 수출자 및 수입자가 사전에 확정할 수 있고, 수입국 및 신용장 발행은행의 신용도가 좋을 경우 매입수수료 절감효과도 있다. 아울러 수출금액의 100%까지 매입함으로써 수출계약 금액 전부에 대한 금융 효과가 있다.

(2) 수입업자에 대한 이점

첫째, 수입자는 포페이팅을 통하여 신용장거래에 소요되는 비용보다 저렴한 수수료로 거래은행으로부터 어음지급보증을 받을 수 있다. 둘째, 금융수혜에 대한 정보가 공개되지 않는다. 따라서 금융기관으로부터 수입자의 융자한도에 어떠한 영향을 미치지 않는다. 셋째, 자금조달 능력을 증가시키고 다양화시켜 주며 제약적인 자금조달을 피할 수 있다.

05 포페이팅의 비용

(1) 수출업자의 부담

1) 할인료(discount rate)

포페이터의 현금제공 시점부터 외상채권 만기일까지의 이자를 말하며 이 금액을 채권총액에서 공제한 나머지 금액을 포페이터가 수출업자에게 지급하게 된다.

2) 약정수수료(commitment fee)

계약체결 시점에서 매출채권 할인시까지의 포페이터가 지는 책임에 대한 수수료이다.

3) 지급유예기간 비용

지급유예기간(grace days)이란 이자가 계산되는 어음만기일에 실제로 채무자에 의한 지급이 이루어지지 않고 일정기간 후에 실제적 지급이 이루어질 때에 그 유예기간을 말한다. 따라서 지급유예기간이란 일부 국가에서 지급지연을 보상하기 위하여 지급하는 것을 말한다.

(2) 수입업자의 부담

포페이팅 거래에서 수입업자가 직접 부담하는 경비는 보증은행의 보증료뿐이다. 그러나 만약 수입업자가 이를 거절한다면 수출자가 이를 부담할 수 있다.

SECTION 05 청산결제(Open Account) 방식

01 청산결제방식의 개념

청산결제(open account) 방식이란 수출업자가 수출물품을 선적한 후 상업 송장과 운송서류 등을 은행을 경유하지 않고 직접 수입업자에게 발송하며 선 적서류를 수취한 수입업자는 계약서에 약정된 기간 내에 수입대금을 수출업자에게 송금하는 사후 송금방식의 수출 형태를 띠고 있으나 송금방식 수출과 다른 점은 수출업자가 선적 후 선적서류 원본은 수입업자에게 직접 발송하고 수입업자의 동의를 얻은 수출채권을 외국환은행에 양도하는 것이다. 즉 양도된 수출채권을 은행이 매입하는 방식을 청산결제방식 수출채권매입이라 하며 이러한 방식은 거래가 간편한 반면 은행의 입장에서는 수출채권이 해외로부터 입금되기 전에 수출업자로부터 매입해야 하고 환어음이 발행되지 않고 선적서류 원본이 없어 담보권의 행사도 불가능하기 때문에 거래신용도가 확실한 경우에 한하여 매입에 응하게 되는 결제방식이다. 이 방식에 의한 무역거래는 수입업자가 동의하지 않으면 이루어질 수 없다. 현실적으로 신용거래가 보편화된 EU역내 및 대형무역상사의 본·지사 간에 주로 이용되고 있다.

02 청산결제방식의 기능

청산결제 방식은 국내에 1996년 도입되었으며 '선적통지 결제방식', '외상 수출 채권방식' 등으로도 칭해지고 있다. 이 청산결제 방식은 환어음이 발행되지 않으며, 선적서류를 은행을 경유하지 않고 수출자가 수입자에게 직접 송부하며, 수출자가 선적을 통지하는 시점에 수출채권이 성립된다. 이 방식은 한마디로 순수한 외상판매방식이다. 수출자가 물품을 선적하고 그 서류를 발송하

면, 수입자가 계약조건에 따라 당해 서류를 접수하는 즉시 또는 접수 후 일정 기간이 경과한 후에 매매대금을 송금하여 결제하는 방식이다. 수출자로서는 여러 면에서 불리한 측면이 있다. 전적으로 수입자의 신용에 의존하여야 한다. 반면 수입자에게는 위험이 전혀 없다. 그러나 청산결제 방식을 생각하고 있는 수출자는 상업적 위험을 철저하게 조사해야 한다.

이 방식은 수출자가 수입자를 신뢰하여 선적한 후 서류를 수입자 앞으로 직접 송부하여 사후에 결제 받는다는 점에서 COD(현물인도결제) 또는 CAD(서류인도결제) 같은 송금 방식과 유사하다.

청산결제 방식에 의한 대금결제과정을 살펴보면 <그림 3-4>와 같다.

그림 3-4 청산결제에 의한 대금결제과정

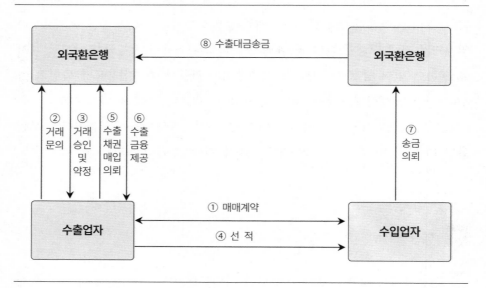

03 청산결제방식의 특징

청산결제 방식은 선하증권을 포함한 선적서류가 거래은행을 통하여 송부되지 않는다는 점에서 추심방식 및 신용장방식과는 차이가 있다. 또한 거래가 간편한 순수한 거래당사자간의 거래라는 점에서는 송금방식과 유사하지만, 거래은행이 선적서류를 매입하는 형태로 매매대금을 조기에 회수할 수 있다는 점에서는 일반 송금방식과 차이가 있다.

일반적인 송금방식은 매수인이 현물인수 또는 서류인수와 동시에 물품대금을 송금함으로써 매도인은 수출대금을 회수할 수 있지만, 청산결제 방식은 매도인이 자금이 필요한 경우에는 매수인이 매매대금을 송금하기 이전이라도 자신의 거래은행을 통하여 선적서류를 매입하는 방법으로 수출대금을 미리 회수할 수 있다. 따라서 청산결제 방식은 은행의 책임은 따르지 않지만 신용장방식과 추심방식처럼 거래은행에 서류매입을 통하여 조기에 대금회수가 가능하면서 이들 방식보다 절차가 간편하고 거래비용이 적게 든다. 이와 같은 청산결제 방식은 거래과정에서 제3자가 개입하지 않기 때문에 거래절차가 간소하고 거래의 융통성과 보안성이 확보된다. 그러나 청산결제 방식도 수출대금을 조기에 회수하고자 하는 경우에는 자신의 거래은행과 거래약정을 체결해야 하는데, 우리나라의 경우에는 신용이 확실하거나 물적 담보를 제공하는 경우에 한하여 제한적으로 취급하고 있는 실정이다.

환율변동과 무역결제

01 제2차 세계대전 이후 세계경제의 특징적 양상(1945-1985)

제2차 세계대전 후 세계경제에서 유럽의 지위가 약화된 반면 미국은 세계경제에서 확고한 지위를 차지하였다는 점을 특징으로 들 수 있다. 미국은 강력한 생산력과 막대한 금보유량을 기반으로 세계경제체제를 미국 중심으로 재편하였던 것이다. 미국은 이를 기반으로 달러와 금을 결부시킨 IMF-GATT체제를 바탕으로 한 자유무역체제를 확립시켰다.

1960년대에 미국중심의 다국적기업의 국제투자와 급속한 기술진보의 영향으로 서유럽국가들과 미국은 상호수요를 창출하는 방식으로 경제발전을 이룩하였다. 미국원조에 의해 기반을 갖춘 유럽경제는 GATT체제의 자유무역주의에 의해 부흥하기 시작하였다.

1970년대에는 미국은 베트남전쟁에 따른 군비지출과 달러살포로 경제성장률이 낮아지고, 실업률이 증가하면서 국제수지적자가 구조적으로 형성되었다. 이를 반영하듯이 무역수지의 흑자폭이 감소되기 시작했고, 金유출에 의한 달러위기가 발생되어, 세계경제에서 미국경제의 상대적인 지위는 하락하였다. 이에 대응하기 위하여 미국은 닉슨조치를 통하여 수입품에 일정비율의 과징금을 부과하였고, 금과 달러의 교환을 정지시켰으며, 달러가치의 평가절하 및 변동환율제를 채택하여 해결하려 했다.

1980년대 초 미국의 레이건정권 당시에도 만성적인 국제수지적자구조를 형성할 수밖에 없었다. 특히 미국의 무역적자는 일본 및 아시아 신흥국경제로부터 발생한 적자가 대부분이었다. 역설적으로 미국은 이들 나라의 수출상품에 대한 흡수자로 기능하였기 때문에 세계경제성장에 기여하는 바가 컸다.

1985년에 미국은 선진국재무장관회담에서 미국의 달러고(高)현상을 의

도적으로 엔고(円高)현상으로 변경시켰다. 자국경제의 어려움을 일본과 유럽 제국에 대한 환율개입정책으로 해결하기 위해 플라자합의를 이끌어 냈던 것이다.

1980년대 후반에는 소련을 비롯한 동유럽제국의 사회주의체제가 붕괴되었다. 이들 국가들은 국제무역의 이익을 누리지 못한 채 과도한 군사비를 지출함으로써 식량 및 소비재부족사태를 초래하였다. 더욱이 기술도 낙후되어 더이상 체제를 유지할 수 없었기 때문에 시장경제체제로 전환하게 된 것이다.

이러한 정책은 미국의 정치·군사·경제력이 뒷받침되었기 때문에 가능하였다. 반면에 미국의 재정·무역적자는 상대적으로 유럽, 일본, 동아시아의 경제성장을 가능케 하였다. 세계경제에서 미국은 이들 나라 상품의 강력한 흡수자로서의 역할을 하였기 때문이다.

02 IMF-GATT체제

제2차 세계대전 이후 미국은 고정환율제하에서의 자유무역주의를 기본원칙으로 하여 세계경제를 재편하기 시작했다. 강력한 생산력과 막대한 금보유량을 기반으로 세계경제체제를 미국중심으로 구축하기 시작했던 것이다. IMF-GATT체제는 세계경제를 미국중심의 체제로 만드는 데 결정적인 역할을 하였다.

IMF는 환율의 국제적인 안정을 기하기 위하여 창설된 제도이다. 당시 브레튼우즈회의에서 영국은 케인즈안을 제시하였으나, 미국은 자국이 제시한 화이트안을 통과시켰다. 이로서 IMF는 국제금본위제로서 달러를 세계기축통화로서 연결시킴으로써 미국의 달러화는 국제적인 결제통화로서 격상되었다.

GATT체제의 창설에도 미국의 의지가 강하게 작용하였다. 미국은 강력한 공업생산력의 기반을 갖추어 교역상대국이 많았기 때문에 자유무역이 유리했던 것이다. 특히 최혜국대우는 교역대상국이 아니더라도 세계 각국이 차별 없이 자유무역의 이익을 누릴 수 있도록 규정한 원칙이다. 그러나 한편으로 미국은 자국의 농업생산력도 보호하기 위한 조치도 취하였다. 이른바 국내의 농산물을 해외수입품으로부터 보호할 필요가 있을 때나, 외환 및 국제수지가 악화되었을 때에는 농산물수입에 대한 긴급수입제한조치를 취할 수 있도록 규정한 것이다.

01 환율

환율(exchange rate)은 외국 통화 한 단위에 대해 자국 통화는 몇 단위에 해당되는가를 나타낸다. 자국 통화와 외국 통화간의 교환비율을 의미하고 두 나라 통화간의 상대적 가치이다. 원·달러 환율이 1,100원이라는 것은 1달러를 사는 데 1,100원을 내야 한다는 것이다. 환율이 1,000원으로 떨어졌다면 더 많은 달러를 살 수 있게 되므로 원화가치 상승 또는 원화 강세라고 하고, 환율이 오르면 원화 가치의 하락 또는 원화 약세로 본다.

환율은 외환시장의 수요와 공급에 따라 결정되며, 각국의 물가수준, 생산성 등 경제여건의 변화는 장기적으로 각국의 통화가치에 영향을 미친다. 환율을 결정하는 요인으로 자국과 상대국간의 물가수준 변동을 들 수 있다. 통화가치는 재화, 서비스, 자본 등에 대한 구매력의 척도가 되므로 환율은 물가수준으로 측정되는 상대적 구매력에 의해 결정되기 때문이다.

단기적으로 환율은 외환시장의 기대나 주변국의 환율 등락, 각종 뉴스 등에 따라 영향을 받는다. 예를 들어 외환시장에서 환율이 상승할 것으로 예상되면 외환수요는 증가하기 때문에 환율이 상승하게 된다. 각종 뉴스도 외환시장의 기대가 변화되어 단기적으로 환율은 등락하게 된다.

중장기적으로 환율은 대외거래, 거시경제정책 등에도 영향을 받을 수 있다. 국제수지가 흑자를 보이면 외환의 공급이 늘어나므로 환율은 하락하고, 국제수지가 적자를 보여 외환의 초과수요가 지속되면 환율은 상승하게 된다. 거시경제정책에서도 긴축통화정책을 운용할 경우에는 통화공급이 감소하여 원화의 상대적인 공급이 줄어들어 환율이 하락한다. 그러면 환율은 절상되는 것이다. 내부적으로는 생산성의 변화를 들 수 있다. 예를 들어 자국의 생산성이 상대국보다 빠른 속도로 향상될 경우 자국통화는 절상된다. 생산성이 개선되면 비용이 절감되어 해당 재화의 가격은 하락하기 때문에 물가는 하락하고 통화가치는 상승하게 되는 것이다.

1979년의 10·26사태 이후 한국은 인플레 위험과 국제수지 악화를 가져올 요인이 상존하고 있었다. 그 외에 제2차 오일쇼크로 인한 수입 인플레 요인과 그리고 특히 유가 인상 등으로 말미암은 국제수지 악화요인까지 한꺼번에 겹치고 있었다. 이러한 요인에 따라 80년대 초 한국의 외환사정은 국민생활에 필요불가결한 석유에너지와 부족한 식량을 수입하고, 기일 도래하는 외국차관에 대한 이자를 상환하는데도 급급할 정도였다. 그 밖에 수출용 원자재나 새로운 시설재를 도입한다든가 일반소비재를 수입한다든가 하는 것은 거의 불가능한 실정이었다.

이러한 사정에서 원자재 가격 급등으로 수출은 더욱 어려워지고 외환사정은 더욱 악화되었다. 외환수급상의 지불이 초과되는 부분은 자본계정에서의 단기와 중기 외자도입으로 커버할 수밖에 없었기 때문에 80년대 초 한국도 브라질이나 멕시코 등 다른 중남미 나라들과 마찬가지로 심각한 외채위기에 빠져들게 되었다. 특히 '10. 26사태' 이후의 정치적 대혼란과 함께 경제적으로도 외채망국론이 유행할 정도의 시대상황은 결코 우연한 일은 아니었다.

1980년도에 한국은 강력한 긴축정책을 실시했다. 당시 2차 오일쇼크로 소비자물가가 28%나 올랐고, 경제성장률은 –1.5%로 떨어졌다. 정치적으로도 격동의 시기였다. 원론적으로 물가를 잡으려면 긴축을 해야 했고, 성장에 치중하려면 경기부양이 필요했다. 긴축은 인기 없는 정책이다. 여기서 청와대 김재익 경제수석의 역할이 컸다. 세간의 반대에도 불구하고 긴축을 강행한 결과 소비자물가 상승률은 81년 21.4%, 82년 7.2%로 낮아지더니 83년 3.4%까지 내려갔다. 물가가 안정되면서 성장률도 81년 6.2%, 82년 7.3%, 83년 10.8%로 올라갔다. 80년대 후반의 호황은 80년의 긴축을 통한 안정화 시책의 성과라 할 수 있다.

02 외환시장(foreign exchange market)

통화도 일반 상품과 마찬가지로 시장에서 자유롭게 거래된다. 그래서 환율도 주가처럼 시시각각으로 변한다. 특히 환율은 두 나라간의 통화 수요와 공급의 상대적 크기에 따라서 움직인다.

외환시장은 외환의 수요와 공급을 연결하는 장소이다. 외환거래를 위한 장을 형성하고 외환의 유통 및 결제와 관련한 메커니즘을 포괄하는 시장을 말한다. 외환시장의 기능은 통화간 구매력 이전, 외환거래 청산, 국제수지 조정 등의 기능을 한다.

① 외환시장은 일국의 통화로부터 타국 통화로 구매력을 이전시킬 수 있다. 예를 들어 수출상이 수출대금으로 받은 외화를 외환시장을 통하여 국내통화로 환전하면 외화가 국내통화로 바뀌게 된다.

② 무역을 비롯한 대외거래에서 발생하는 외환의 수요와 공급을 청산하는 역할을 한다. 외환 수요자인 수입상이나 외환의 공급자인 수출상은 환율을 매개로 한 외환시장에서 결제를 하게 된다. 이러한 외환시장의 대외결제 기능은 국가간 무역 및 자본거래 등 대외거래를 원활하게 해준다.

③ 변동환율제도에서는 외환시장의 수급에 따라 환율이 변동하여 국제수지의 조절기능을 한다. 국제수지가 적자이면 외환의 초과수요가 발생하여 통화의 가치가 하락하여 환율은 상승한다. 수출상품은 가격경쟁력이 개선되어 수출이 증가하므로 국제수지 불균형이 해소될 수 있다.

④ 외환시장은 기업이나 금융기관 등에 환율변동에 따른 리스크를 관리할 수 있는 수단을 제공한다. 선물환, 통화선물, 통화옵션 등 다양한 파생금융상품 거래를 통하여 경제주체들은 환위험을 헤지하여 관리할 수 있다.

03 환율전쟁(currency war)

한 국가의 환율은 그 나라 제품의 국제가격에 영향을 미친다. 특정국이 자국통화를 실제가치보다 낮게 설정하면 수출경쟁력이 증가하고, 다른 나라의 제품수요를 감소시키면서 수출시장에서의 셰어와 생산은 확대된다.

예를 들어 한국의 수출상이 미국 시장에 장난감 1개에 5달러로 수출하는데, 원·달러 환율이 1달러당 900원에서 1,000원으로 상승했다. 이때 수출상은 가격을 5달러로 유지시키면서 500원의 환율 차익을 얻을 수도 있지만, 가격을 내려 판매량을 늘릴 수도 있다. 환율이 1,000원으로 오르게 되면 개당 판매 가격을 4.5달러로 낮추더라도 그와 동일한 매출(4,500원)을 거둘 수 있기 때문이다. 그리고 가격 인하에 따른 판매량 증대 효과도 기대할 수 있다. 이처럼 환율 상승으로 수출 상품의 가격 경쟁력을 높이기 위해 전 세계 모든 나라가 자국 통화의 가치를 경쟁적으로 떨어뜨리면서 글로벌 환율전쟁이 벌어지고 있는 것이다.

환율전쟁은 각 나라가 자기 나라 수출에 유리한 방향으로 환율이 움직일 수 있도록 통화정책 등을 이용해서 치열하게 경쟁하는 것을 말한다. 특히 경기가 후퇴기에 있을 때에는 고용이 정치적으로 중요한 문제이기 때문에 환율 조작의 유혹이 커진다. 각국 정부는 이러한 직접적인 외환조작을 공정한 경쟁을 저해하는 문제행위로 본다.

04 환율과 양적완화정책(Quantitative easing, 量的緩和政策)

양적 완화(量的緩和, 영어: quantitative easing, QE)는 '중앙은행의 정책으로 금리 인하를 통한 경기부양 효과가 한계에 봉착했을 때 중앙은행이 국채매입 등을 통해 유동성을 시중에 직접 푸는 정책'을 뜻한다. 금리중시 통화정책을 시행하는 중앙은행이 정책금리가 제로에 근접하거나, 시장경제의 흐름을 정책 금리로 제어할 수 없는 상황에서 유동성을 충분히 공급하여 중앙은행의 거래량을 확대하는 정책이다. 중앙은행은 채권이나 다른 자산을 사들임으로써, 이율을 더 낮추지 않고도 돈의 흐름을 늘리게 된다.

양적 완화의 역사는 길지 않다. 원조는 일본이다. 1990년대 후반 부동산 거품 붕괴를 시작으로 일본 경제는 위기를 맞았다. 기준금리를 0%대로 낮춰도 시장 충격이 멈추지 않자 일본 중앙은행인 일본은행(BOJ)은 2001년 '양적금융완화(量的金融緩和)'란 이름의 통화정책을 공식적으로 처음 단행한다. 양적완화의 시작이다.

미국 FED(연방준비제도)의 양적완화는 세계에 파급효과를 가진다. FED가

··· Fed, 무제한 양적완화 '올인'···WSJ "가진 화살 다썼다" 경고

미국 연방준비제도(Fed)가 무한의 영역에 발을 디뎠다. 무제한 양적 완화, 말 그대로 달러를 한도 없이 찍어낸다는 의미다.

"Fed는 미국 경제를 뒷받침하기 위해 모든 수단을 사용하겠다. 이를 통해 완전 고용과 물가 안정을 촉진하겠다. 시장 기능을 원활히 하고 통화정책이 금융 부문에 효과적으로 전달되는 데 필요한 만큼 국채와 주택저당증권(MBS)을 사들이겠다."

코로나바이러스 감염 확산으로 미국 경제가 위기에 빠져들자 Fed는 다시 양적 완화 카드를 꺼내들었다. 지난 2020년 3월에 7,000억 달러 규모의 4차 양적 완화를 발표한다. 그러나 시장 불안이 가라앉지 않자 Fed는 무제한 양적 완화라는 파격을 선택한다.

Fed는 국채와 MBS 등 자산을 사고 파는 방법으로 시중에 풀려있는 달러의 양을 결정한다. 경제 위기가 닥쳤다 싶으면 자산을 사고 그 값으로 달러를 찍어 지불한다. Fed가 사들인 자산이 늘면 늘수록 시중에 풀린 달러의 양은 증가한다. 바로 양적 완화(Quantitative Easing), 줄여서 QE라고 부르는 정책이다.

리먼브라더스 파산을 시작으로 2008년 미국도 금융위기를 맞아 1차, 2010년 2차, 2012년 3차 양적 완화를 실시한다. 위기 강도에 따라 Fed는 판돈을 키웠다. 이번엔 한도를 아예 없앴다. 파이낸셜타임스(FT)는 "코로나19 대유행으로 미국 경제가 1930년 대공황 이래 가장 심각한 위기에 직면하자, Fed가 '올인(All in)'을 선언한 것"이라며 전했다.

월스트리트저널(WSJ)은 "Fed는 가진 모든 화살을 다 썼다. 자신의 힘으로 할 수 있는 모든 걸 이미 다했다"고 지적했다. 뉴욕타임스(NYT)는 "코로나19로 인한 경기 침체가 2008년 금융위기가 더 심할 수 있다는 전망이 나오고 있다"며 "Fed의 이런 구제 정책이 오히려 이런 나쁜 소식을 시장에 각인시키는, 경보음이 되고 있다"고 짚기도 했다.

중앙일보, 2020년 3월 24일
(https://news.joins.com/article/23737923)

금리를 인상하면 세계 다른 지역에서는 금리인하압력을 받는다. 어느 나라도 자국통화가치가 달러에 대하여 상승하는 것을 원하지 않기 때문이다. FED의 정책은 미국만이 아니라 세계 각국의 금융정책에 큰 영향을 미친다. 그 결과 미국경제에는 좋은 금융정책이 완전고용의 상태에 있는 신흥시장에는 공격적인 정책이 되어 인플레나 자산버블을 만들어 낼 수 있다.

그래서 양적완화정책은 불공정을 조장하는 것으로 비판받고 있다. 일반적으로 중앙은행이 금리를 인하하면 자금은 보다 매력적인 곳으로 이동하기 때

문에 그 나라의 통화는 약화된다. 한편 가계나 기업들은 낮은 금리조건에서는 지출을 더 증가시키는 경향이 있어 국내수요는 증가한다. 결국 금융완화책을 쓰면 타국 제품의 수요가 감소하는 것이 아니라 전반적으로 국내수요를 자극할 수도 있게 된다.

무역거래는 외화로 대금을 결제하기 때문에 당사자들은 환율변동의 리스크를 부담하게 된다. 수출상은 이러한 리스크를 회피하기 위하여 매매계약을 체결하는 시점에서 외환시세의 강약, 금액, 결제시기 등을 고려하여 수출계약 성립 후 직접 환거래은행에 외환을 계약(Buying Contract)하기도 한다.

무역 및 자본 등의 대외거래를 자주 그리고 거액으로 행하는 기업에서는 외환보유정도를 고려하여 외환을 예약하고 있다. 따라서 외환리스크는 외환을 예약하거나, 자국 또는 제3국의 통화로 결제하는 계약을 체결함으로써 기본적인 외환리스크를 관리할 수 있다.

각국의 통화는 외환시장에서 매매되고 있다. 외환시장은 통화의 수요와 공급에 의해 시세가 변동한다. 매매계약이 외화로 계약이 체결되면 수출상품대금 및 수입상품대금은 외화를 원화로 환산한 금액으로 정해진다. 수출상이 외화로 상품대금 1만 달러를 수취하는 경우, 그 외화를 원화로 환산하여 수익을 예상을 하게 되는데, 외환시세가 변동하여 1달러에 1,200원에서 1,000원으로 원화가 절상될 경우에는 1,200만 원에서 대금결제가 이루어질 것을 1,000만 원만 받게 되어 200만 원의 손해가 생기게 된다. 이와 같이 환차손이 발생할 가능성이 있는 것을 외환변동리스크라 한다. 변동하는 외환시세에 따른 대책은 수출기업의 경영상의 가장 중요한 과제이기도 하다.

환율은 심리적인 요인으로 움직이기도 한다. 이러한 변화 때문에 환율을 예측하는 데 상당한 어려움이 따른다. 따라서 환율을 전망을 한다는 것은 어려운 일이며 의미가 없는 일일 수도 있다. 사람들의 심리적인 변화는 전혀 예측할 수 없기 때문이다.

환율이 하락하면 수입품단가는 상승하고 수출품단가는 하락한다. 그 결과 수입물량은 증가하고 수출액은 감소되어 무역수지가 악화된다. 그래서 수출기업의 채산성(採算性)은 악화되는 것이 당연하다.

외환리스크관리란 외환리스크를 다양한 관리기법으로 환차손을 최소화하고 환차익을 극대화시키는 노력이다. 그러기 위해서는 무엇보다 기업이 인식해야 할 리스크의 범위를 정해야 한다. 환리스크 범위가 정해지면 이를 효율적으로 관리하기 위해 환리스크의 변동을 신속하고 정확하게 파악할 수 있는 정보체계를 갖춰야 한다. 이런 정보체계를 토대로 기업들은 자신들의 여건에 맞는 환리스크관리기법을 채택하여 실행한다. 이후 환리스크가 관리된 부문에 대해서는 반드시 사후평가를 실시해야 한다. 효율적인 관리기법으로는 기준에 따라 다양하게 분류되고 있으나 일반적으로 내부 관리기법과 외부 관리기법으로 구분된다.

내부 관리기법이란 기업이 환리스크관리를 위해 기업내부에서 해결하는 방안을 말한다. 재무제표 조정이나 가격정책 변화 등 일상적인 영업활동을 통해 기업 자체적으로 환리스크를 줄이거나 경우에 따라서는 환차익까지 얻는 수단이다. 일부 기업들이 원자재와 부품의 투입시기를 조정하거나 공장입지를 전략적으로 선택해 환리스크를 줄이는 경우도 해당된다.

외부 관리기법은 금융시장에서 거래함으로써 환리스크를 줄이는 방안을 말한다. 내부 관리기법보다 환리스크를 제거하는 효과가 상대적으로 크지만 비용이 많이 든다. 대표적으로 선물환과 통화선물, 통화옵션, 통화스와프 등을 들 수 있다. 이 밖에 단기금융시장을 이용하거나 팩토링과 환율변동보험 등이 자주 활용된다. 수출상의 환리스크방지책으로서는 계약내용상에 환율변동에 따른 불가항력 사유를 규정해 두는 것이 유리하다. 장기적인 수출계약의 경우 천재지변, 전쟁, 파업 등의 외에도 환율 불안정요인을 고려하여, 예를 들면 '환율변동폭이 계약 시보다 일정한 수준으로 절상될 경우에 계약물품의 공급중단 또는 계약단가의 재조정이 가능하다'라는 문구를 삽입하면 환차손에 의한 공급불이행에 따른 면책 또는 단가를 다시 합의할 수 있을 것이다.

외환변동에 따른 선물예약

무역거래에는 계약금액을 신중하게 산적하였다 하더라도 외환시세가 변동하면 채산성도 변동하여 거래는 불안정하게 된다. 이와 같은 외환변동리스크의 대책으로서 가장 일반적으로 이용되는 것은 '외환선물예약'이다.

선물예약은 외환변동리스크를 회피하여 채산(採算)을 확정시키는 것을 목적으로 하고 있다. 구체적으로는 외화의 수취 및 지불이 이루어지고 있는 당시의 시세를 사전에 은행에 예약하는 것을 말한다. 대금결제 시의 시세가 변동되어도 미리 예약한 시세의 외화로 산정하여 대금을 결제한다는 것이다. 따라서 채산을 확정시킬 수 있게 되는 것이다.

02 환(換)헤징

환율불안이 계속되면 수출기업들은 '환리스크 헤징'이 중요한 생존전략으로 떠오르게 된다. 이는 수출입계약과 결제기일 사이에 나타나는 환율변동에 따라 생길 수 있는 리스크를 전가하는 방법이다.

외환위기 직후의 예를 들어보자. M통상은 외환의 80%를 은행의 선물환거래로 헤징하고 있었다. 1997년 12월 환율이 폭등하면서 2개월 후에 돌아올 수입대금을 지급하기 위해 1천 1백 20원에 2백만 달러어치의 선물환을 구입하였다. 이후 결제시점의 환율은 1천 5백 ~ 1천 8백 원까지 폭등하였지만 별다른 손실을 입지 않았다. 이러한 환리스크관리에 의하면 환차손의 리스크를 회피하는 동시에 영업이익을 안정적으로 유지할 수 있다는 점에서 헤징은 결국 이익이 된다는 것이다.

03 선물환

선물환(先物換)이란 은행과 기업이 달러를 사고파는 시점과 환율을 미리 정해 놓고, 만기일에 약정하였던 환율대로 거래하는 방식이다. 통화선물은 기간이 표준화되어 있는 데 반해 선물환은 맞춤형 환헤징 방법이어서 원하는 날짜에 사고팔 수 있다. 은행 측은 기업의 신용도에 따라 담보를 최대 30%까지 요구하기 때문에 신용상태를 잘 아는 주거래은행과 선물환거래를 약정하여 개설하면 담보를 적게 설정할 수 있는 방법이다. 선물환 풀을 이용해 거래금액의 상, 하한선을 두지 않는 은행도 있고, 첫 거래라도 싼 담보로 이용하는 방법도 있는 등의 여러 가지 형태가 있다. 신용도가 높은 거래기업에 대해서는 선물환 풀을 제공하기도 한다.

통화선물이란 한국선물거래소를 통해 미리 1개월 또는 3개월 후에 자신이 원하는 시점에 외국통화를 사거나 팔 수 있다. 증권거래처럼 거래소 가격에 따라 적정하다고 생각되는 시점에 선물중개회사를 통해 구입하면 된다. 이는 은행 신용도와 상관없이 거래할 수 있고, 매도도 할 수 있는 이점이 있다.

04 환율변동보험

환율변동보험은 수출기업이 환율하락으로 손해를 보는 만큼을 무역보험공사에서 보험금으로 보상해 주는 제도를 말한다. 예컨대 A사가 '1달러가 1,200원'일 때 수출계약을 맺었는데 대금결제 시에 환율이 변해 '1달러가 900원'이 되면 손해를 입게 된다. 이때 이 보험에 가입한 수출기업은 무역보험공사로부터 손실액을 보상받는다. 다만 환율이 올라 이득을 보게 되면 무역보험공사가 이익금을 환수해 간다.

중소 수출업체에 적용되는 보험계약기간은 수출계약시점부터 실제 대금결제가 이루어질 때까지다. 보험료는 수출금액에 일정비율을 부과하는 방식으로 결정된다.

05 수출가격전가(輸出價格轉嫁)

환율변동에 따른 수출가격전가(exchange rate pass-through on export price)란 환율이 상승하거나 하락함에 따라 수익성 변동분을 수출가격에 전가시키는 것을 말한다. 예를 들어 원화가 상승할 경우 수출기업은 원화환산에 따른 수익성이 개선되기 때문에 수출가격을 인하하여 시장점유율을 높일 수 있다. 이와 반대로 환율이 하락할 경우에는 수익성이 악화되는 것을 방지하기 위하여 수출가격을 인상하는 것을 말한다.

환율전가 결정요인에 의하면 환율변동이 수출가격에 전가되는 정도는 시장점유율, 제품차별화, 자본집약도 등과 밀접하게 연관되어 있다. 특히 환율전가도는 산업에 따라 차이가 나는데, 대체로 해외시장 점유율이 높거나 혹은 제품차별화 정도가 크거나 혹은 노동장비율이 높은 자본집약산업에서 환율전가도가 높게 나타나고 있다.

환율전가도가 높은 산업은 시장점유율과 제품차별화 정도가 높고 자본집약적이라는 공통점을 가지고 있다. 이러한 산업은 해외시장에서 어느 정도 경쟁력을 확보하고 있지만, 환율전가도가 낮은 산업은 대체로 시장점유율과 제품차별화 정도가 낮고 노동집약적이라는 특징을 발견할 수 있다.

수출기업이 환율변동에 따른 수출채산성 변화에 따라 수출가격을 적절히 조정할 수 있기 위해서는 상품경쟁력을 강화하여 수출시장에서의 가격결정력을 높여나가야 할 것이다. 이를 위해서는 품질향상, 신제품개발뿐만 아니라 제품의 기능, 디자인 등의 차별화전략이 중요한 대안이 될 수 있을 것이다.

환율이 완전히 유동화된 상황에서는 과거와 같이 환율이 정책변수로서의 성격이 약화되고 경제여건, 시장수급 및 심리 등을 파악할 수 있는 정보변수로서의 성격이 강하기 때문에 수출기업도 환율에 대한 새로운 인식을 정립할 필요가 있다. 환율은 대외경쟁력을 결정하는 여러 가지 요소 가운데 하나에 불과하며 또한 수시로 변동하는 속성을 가지고 있다는 점을 감안하여 안정적인 수출경쟁력 확보를 위해서는 품질개선, 신제품개발, 생산성 향상 등에 더욱 주력해야 할 것으로 본다.

06 수출보험에 의한 리스크관리

수출거래에 수반되는 여러 가지 리스크 가운데에서 해상보험과 같은 통상의 보험으로는 구제하기 곤란한 리스크, 즉 수입자의 계약파기, 파산, 대금 지급지연 또는 거절 등의 신용리스크(Commercial Risk)와 수입국에서의 전쟁, 내란, 또는 환거래 제한 등의 비상리스크(Political Risk)로 인하여 수출자, 생산자 또는 수출자금을 대출해 준 금융기관이 입게 되는 불의의 손실을 보상함으로써 궁극적으로 수출진흥을 도모하기 위한 비영리 정책보험이다.

전자무역결제

01 전자무역의 현황

인터넷과 휴대전화는 전세계로 보급되어서 디지털시장은 급속히 확대되고 있다. 사이버 공간은 이제 경제뿐만 아니라 정치, 안보 등 모든 측면에서 중요한 영역으로 인식되고 있다.

전자무역은 세계경제의 연결성을 현저히 향상시켜서 새로운 비즈니스 모델의 창출과 생산성 향상에 기여하고 있다. 전자무역의 규모를 정확하게 측정할 수는 없지만, 인터넷을 통한 아이디어와 정보교환의 측면에서 보면 세계의 인터넷 이용자 수는 꾸준히 증가하고 있으며, 특히 개발도상국에서 비약적으로 증가하고 있다. McKinsey에 따르면 2002년에서 2014년 사이에 국경을 넘는 데이터 통신량은 45배로 확대되었고 2021년까지 추가로 9배 정도 증가할 것으로 추정하고 있다.

디지털 흐름 또한 기업세계를 뒤덮고 있다. 다국적기업은 상품과 서비스의 교역을 장악해 왔지만 디지털 플랫폼을 통해 중소기업들이 더욱 쉽게 이용할 수 있게 만들었다. 다국적기업은 온라인시장을 통해 전보다 훨씬 많은 고객에게 다가갈 수 있다. 아마존은 200만 명의 제3자판매자를 운영하고 있으며 알리바바는 1천만이 넘는다. 이러한 디지털 플랫폼과 시장은 대부분의 국가에서 고용기반을 형성하는 중소기업을 위한 새로운 기회를 창출하고 있다.

이러한 전자무역의 확대는 기존의 컴퓨터를 통한 거래뿐만 아니라, 휴대전화의 보급이 그 배경에 있다. 한편으로 온라인 결제 수단도 다양해지고 있다. 2015년 전세계에서 온라인 결제수단은 신용카드와 직불카드가 대부분을 차지했지만 2020년에는 e-지갑 및 기타 결제수단이 증가할 전망이다. 개발도상국에서는 은행의 점포망이 없는 지역도 많고, 또한 신용카드 보유가 어려운 저소득층이 많아 은행계좌를 통하지 않는 결제수단으로 모바일 머니가 많이 활용되고 있다.

02 전자무역의 발전

전자무역촉진에 관한 법규에 의하면 '전자무역'이란 물품과 용역 또는 전자적 형태의 무체물의 수출입을 위한 무역절차의 일부 또는 전부가 정보처리시스템에 의해 전자적 형태로 작성, 송수신 또는 저장되는 정보인 '전자무역문서'로 처리되는 거래를 말한다.

한국의 전자무역은 1991년 무역자동화시스템을 개통하고 외환 및 무역서비스를 본격적으로 개시하였다. 2004년에는 전자무역 혁신계획에 따라 단일창구 전자무역 서비스인 u-Trade 포털을 구축하였다. 그래서 현재에는 8만여 무역업체를 비롯한 은행, 보험사, 관세사, 선사, 항공사, 보세창고와 무역유관기관을 연계한 세계 최고의 무역 커뮤니티를 구축하였고, 875종에 달하는 B2B, B2G부문 무역업무 문서를 전자화하여 연간 3억 6천 만 건을 전자적으로 처리함으로써 약 6조원의 경제적 효과를 창출하고 있다(산업자원부, 2019).

이와 같이 현재는 실무적으로도 수출마케팅, 수출상 및 수입상의 검색, 수출입 통관, 수출입관련 정부기관 및 관련단체로부터의 수출입요건확인업무(예를 들면, 동식물 검역, 원산지 증명서, 기술인증 등) 등에 따른 업무만이 아니라, 신용장, D/A, D/P, O/A(Open Account), 네고 및 추심(Collection), 구매확인서 및 로컬 신용장발행 및 네고업무 등의 무역결제관련 업무도 모두 전자적으로 이루어지고 있다. 그 외에도 수출보험, 보세 운송, 선적, 선하증권 및 항공운송장 발행, 선박입출항 신고, 보세창고 보관 및 반출 등의 복잡한 무역관련 절차들은 모두 인터넷을 이용한 전자적인 무역시스템으로 이루어지고 있는 것이다.

이와 같은 정보통신기술의 발전은 무역거래의 근본적인 변화를 가져와 국제물류, 통관, 외환 등의 무역업무들이 사이버공간을 통해 진행되어 시간과 비용을 대폭 절감하기 시작했다.

전자무역으로 무역업체들은 원활하고 신속한 수출입 통관과 수속을 통해 시장변화에 능동적으로 대응하고, 비용절감을 통해 대외경쟁력을 확보할 수 있다. 향후에도 전자무역은 지역별 경제통합의 가속화, 전자상거래에 의한 무역거래방식의 확산 등으로 변화가 심한 무역환경에 능동적으로 대처할 수 있을 것이다. 구체적으로 아웃소싱, 판매, 외환, 통관, 물류, 무역정보 관련한 빅데이터 등의 무역거래시스템이 국내외를 막론하여 일관적으로 전자 처리되는 범세계적인 무역정보망을 기대하고 있다. 특히 전자무역을 선도하는 나라인 한국의 전자무역시스템을 세계 모든 나라에 보급하기 위한 노력도 필요하다.

01 무역결제상의 사이버위협 증가

전 세계의 많은 비즈니스 가치와 개인정보가 디지털 형식으로 전환하여 무역거래도 더욱 편리해지고 신속해졌으나 부작용도 많아져 메일계정 해킹, 인터넷을 통한 은행문서위조 등의 사기사건이 확산되고 있다.

개방적이고 세계적으로 상호연결된 기술적인 플랫폼에서 사이버공격으로 인한 리스크는 점점 더 증가하고 위압적이다. 특히 해커(hacktivist)들은 방화벽을 관통하여 사기행위를 하거나 신원을 도용하여 경제적 이익을 추구하고 있다. 이들은 또 경쟁사들의 지적재산을 훔치거나 상대기업의 비즈니스를 해체하여 자기들에게 유리하게 활용하고 있는 것이다.

이와 같이 사이버 보안에 따른 위협과 사건이 증가하여 개인뿐만 아니라 공공 및 일반 기업과 조직에 상당한 경제적 및 사회적 악영향을 초래했다. 여기에는 사이버 범죄에 의한 기업 및 조직들의 평판손상, 영업비밀 도용에 따른 경쟁력상실, 시스템 운영중단 등에 따른 재정적 손실, 법적 소송, 고객신뢰 상실 등이 포함된다.

사이버 보안기술의 지속적인 개발에도 불구하고 공격자와 네트워크 방어자의 전력 균형은 크게 변하지 않고 있다. 사이버 보안 커뮤니티가 사이버 방어 전술을 개발하고 사이버 위협을 완화시켜서 사이버 공격자와 방어자와의 교착 상태에서의 균형을 바꾸려고 시도하고 있지만 언제나 안전하지 못한 상태이다.

사이버 환경은 지속적으로 변화하는 추세에 있다. 따라서 사이버 공간의 범위와 복잡성도 매일 증가하고 있다. 물론 방어하고 있는 네트워크는 새로운 비즈니스 및 운영상의 요구사항에 맞게 지속적으로 변경 및 업데이트된다. 그러나 지난 10년 동안 휴대전화를 중심으로 한 모바일장치 사용이 급속히 증가하여 사이버 보안 업무의 범위, 복잡성 및 난이도도 크게 증가하고 있다. 더욱이 사물 인터넷이 등장함에 따라 사이버 공간의 변화 속도는 기하급수적으로 증가할 것으로 예상된다. 동시에 사이버 공간의 공격자들은 지속적으로 범죄 도구를 개발하여 이익을 얻는 방법을 찾고 있다.

특히 정부당국은 코코나 19를 계기로 "디지털화 가속, 비대면화 촉진 등에 중점을 둔 디지털 기반 일자리 창출, 경제 혁신 가속화 프로젝트" 등의 한국판 뉴딜을 발표했다. 이에 따른 디지털화 및 비대면업무가 증가함에 따라 이메일 해킹, 피싱 메일을 통한 사기피해가 더욱 증가할 것으로 예상된다.

02 무역결제상의 사이버사기사례와 수법

무역결제도 인터넷으로 인해 편리해지고 신속해졌으나 이메일 해킹, 인터넷을 통한 은행문서위조 등으로 국제적인 사이버 사기사건이 확산되고 있다.

사이버경찰청에 따르면 2019년 상반기에 사이버범죄는 85,953건이 발생하여 전년도에 비해 약 22.4% 증가한 것으로 나타났다. 구체적으로 이메일 해킹 및 악성프로그램 유포 등 정보통신망에 불법적으로 침입하는 방식의 범죄는 전년 동기간 대비 19.4% 증가하였다(경찰청 사이버안전국, 2019). 2018년에는 전체 사이버범죄 중 이메일 무역사기 발생비율은 367건이지만, 건당 피해액은 4,186만원으로 가장 많다. 발생 건수도 2017년 하반기에 138건에서 2018년 하반기 203건으로 증가 추세를 보이고 있다(경찰청 사이버안전국, 2019).

이메일 무역사기는 국제결제 사기단이 무역업체 간의 이메일을 지켜보다가 대금결제 시점에 수출상에게 계좌번호가 변경되었음을 알리고 대금을 송금받아 가로채는 범죄이다. 이는 특정 기업을 겨냥한 사이버 공격범죄인 '스피어피싱'의 한 종류로, 수법이 정교해 사기임을 알지도 못하고 당하는 경우가 많다. 스피어피싱은 작살을 의미하는 스피어(Spear)와 보이스 피싱(Voice phishing)의 피싱이 합쳐진 용어로 이메일 무역사기에서 가장 많이 발견되는 타깃형 범죄이다. 최근 발생한 무역결제상의 사이버 사기사건의 사례는 다음과 같다 (KOTRA, 2019 외).

• L사는 사우디아라비아 A트레이딩사로부터 나프타를 사들여 수입한 뒤, 가공해 석유화학제품을 만든다. 2016년 3월에 L기업은 A트레이딩의 납품대금 계좌가 변경됐다는 이메일을 받았다. L사는 변경된 계좌에 거래대금 240억 원을 송금했지만 이메일은 가짜였고, 해당계좌도 아람코와 관계없는 계좌였다. 불특정 다수를 노리는 보이스 피싱과 달리 거래처나 지인을 사칭해 특정 기업이나 개인의 자산, 정보를 노리는 이른바 '스피어 피싱'(spear phishing)에 당한 것이다.

• 미국 의료기업 대표이사를 사칭한 해킹단이 "무역거래 대금을 송금하라"라는 메일을 한국의 거래업체에 보내서 송금을 받았으나 일정금액 이상은 송금의 진위를 확인하는 미국 금융기관의 '콜백시스템'을 통해 들통이 났다. 이들은 이메일 주소의 알파벳을 추가하거나 재배치하는 등으로 일반인들이 발신자의 이름만 확인할 뿐 주소까지는 잘 보지 않는다는 점을 노렸다.

• 오일가스 기자재 생산업체인 A기업은 거래업체인 미국기업과의 교신 내역을 해킹당했다. 해커는 A기업에 바뀐 계좌번호로 송금하라는 이메일을 보내어 송금을 했으나, 미국기업이 대금을 받지 못했다는 연락을 받고 신속하게 계좌를 정지시켜서 피해를 막을 수 있었다.

• 경기도의 S사는 이탈리아의 거래업체 A사에 이메일로 송부받은 인보이스에 따라 제품을 선적했다. 그러나 다음 해인 2017년 초까지 대금을 받지 못한 S사는 이탈리아 업체에 확인을 해 보니 A사가 이메일 해킹을 당한 것을 확인하였다. A사는 S사로부터 계좌가 변경되었다는 이메일을 받았으며 그 계좌로 이미 무역대금을 송금을 했다고 주장했다. 이는 양자의 책임이 모호한

사건으로 해결의 실마리를 못 찾고 있다.

· 다국적 제약회사인 P제약의 본사에서 한국지사에 계좌번호가 바뀌었으니 바뀐 계좌번호로 대금을 지급하라는 이메일이 왔다. 이는 중국발 무차별 피싱 프로그램으로서 서버에 악성코드를 심어놓은 해킹범이 이메일 내용을 파악한 다음 본사로 가장해 지사 측과 거래대금을 송금하라는 이메일을 보내고 대금을 가로챈 것이다.

· 국내업체 E사는 상하이 소재 Y사와 186,000달러의 원자재 수입계약을 체결했다. 이를 해킹한 해커는 E사에 송금계좌가 변경되었음을 이메일로 보냈다. E사는 변경된 계좌로 송금했다. 그러나 Y사는 대금을 송금받지 못했으며, 계좌변경 요청 이메일도 보낸 적이 없다는 사실을 알려왔다. 다행히 E사는 신속하게 송금한 계좌를 동결시켜 대금을 회수하였다.

· 한국의 K사를 가장한 해커가 일본의 바이어에게 수수료와 세금을 회피하기 위하여 현지 은행계좌를 새로 만들었으니, 물품 대금 88,000달러는 여기로 보내라는 메일을 보냈다. 일본의 바이어는 아무런 의심 없이 말레이시아 소재 은행으로 물품 대금을 송금하였으나 입금이 안된 것을 확인한 K사가 바이어에게 직접 전화를 걸어 확인하고 나서야 메일이 해킹당한 사실을 알게 되었다.

· 국내 A사는 화학제품을 공급하는 인도의 B사와 수입계약을 했다. 해커는 이를 해킹하여 B사의 이메일 주소와 유사한 이메일 주소를 만들어 별도의 은행계좌 정보가 담긴 인보이스를 A사에 송부했다. A사는 기존에 사용하던 은행계좌와 이메일 주소가 바뀐 이유에 대해 문의하자, 해커는 회계감사 때문이라고 회신하였다. 결국 A사는 위조된 인보이스에 적힌 계좌로 송금했고, 해커는 대금을 인출한 뒤 모든 증거를 삭제했다.

· 국내 A사는 프랑스의 기계제조업체 B사와 수입계약을 체결하고, 대금의
30%는 상하이 지사로, 나머지 70%는 프랑스 본사로 송금하기로 했다. 그러
나 B사의 메일이 해킹당하면서 A사는 상하이 지사로 보내기로 한 대금
30%를 해커가 유도한 터키 계좌로 송금했다. 해커는 A사를 상대로 수취자
명의를 변경해줄 것을 요청했다. 전혀 눈치 채지 못한 A사는 해커의 요구대
로 변경해 주었다. 해커는 이후에도 계약과 다르게 나머지 70% 대금도 터
키 계좌로 송금할 것을 요청했다. 이를 이상하게 여긴 A사는 B사와 교신 후
에야 이메일이 해킹된 것을 알게 되었다. A사는 터키은행을 상대로 대금 지
급정지를 요청하였으나, 이미 해커는 대금을 인출하였다.

2016년의 대기업 L화학의 피해금액은 사상 최대규모이다. 무역거래 업체
를 사칭한 사이버 범죄 조직의 이메일에 속아 240억원을 송금했던 것이다. 이
러한 경우 담당자가 송금전후에 유선으로 확인하여 해당 계좌를 신속히 정지
시키기만 했어도 피해를 막을 수 있었을 것이다.

L기업이 당한 이메일 해킹 사기수법을 스피어 피싱(spear phising)이라 부
른다. 작살 낚시를 뜻하는 이 수법은 미국, 러시아, 유럽 등 해외에서 급속하
게 퍼졌다. 불특정 다수의 개인정보를 빼내는 일반 피싱과 달리, 스피어 피싱
은 이메일 해킹을 통해 기업의 거래내역이나 계좌정보를 확보하는 등 치밀하
게 준비를 하기 때문에 피해자가 거래기업으로부터 입금독촉을 받을 때까지
피해사실조차 알지 못하는 경우가 적지 않다.

전세계적으로 이메일을 통한 사기행위 공격은 기업전반으로 확대되는 추
세이다. 고도의 해킹 공격이라기보다는 다분히 사회공학적 공격의 성격이 강
하다. 이 사건은 단순한 담당자 부주의로 볼 수 있지만, 성공하기까지는 치밀
한 과정을 거친다. 범죄 조직은 악성코드를 첨부한 스팸 메일이나 해당 기업
담당자를 겨냥해 정교하게 제작된 스피어 피싱 기법을 활용한다. 범죄자는 이
후 담당자의 이메일 주소와 유사한, 예를 들어 'admin@company.co.kr'라면
알파벳 하나만 바꾼 'admln@company.co.kr'을 만드는 식이다. 평소 자주 연

락을 주고받는 상대의 이메일 주소는 유심히 살피지 않는다는 점을 악용한 것이다.

2019년 버라이즌 보고서(Verizon Data Breach Investigations Report)에 따르면, 지난 해 보안침해 사고 가운데 약30%가 피싱에 관여되어 있는 것으로 나타났다. 그 외에도 랜섬웨어 공격은 가장 많은 피해를 초래하는 공격이다. 사이버 보안업체 Kaspersky의 '2019년 IT 보안 경제' 보고서에 따르면, 2019년에 약 40%의 대기업과 조직이 랜섬웨어 보안사고를 경험하였으며, 사고당 평균 피해액은 146만 달러에 달한 것으로 나타났다.

국내 은행계좌를 이용하는 보이스 피싱(Voice Phishing)은 피해사실을 인지한 순간 돈을 보낸 은행에 '지급거래정지' 신청을 하면 피해금을 돌려받을 가능성이 있다. 또 사기 범죄자가 입금한 돈을 인출하지 않았다면 '타행환 반환 청구 소송'을 통해 돌려받을 수 있는 길도 있다. 그러나 전문가들은 원칙적으로 스피어 피싱으로 인해 발생한 피해는 대부분 해당기업의 책임이고 은행에 책임을 묻기 어려운 사안이라 한다. 해당기업이 송금하기에 앞서 거래처나 고객의 계좌를 확인할 의무가 있기 때문이다.

사소해 보이는 개인정보도 해킹에서 매우 유용하다. SNS는 사람들의 정보를 쉽게 수집할 수 있게 해 준다. 유명인의 경우 언론에 보도되는 기사나 콘퍼런스에 참석할 때 이메일과 같은 개인정보를 기재하는데 해커들은 이들을 활용해 해킹을 할 수 있다. 피싱과 같은 사기수법을 사용할 때는, 특정 이름과 주제 대신에 최대한 많은 사람들이 걸려들게 하기 위해서 보편적인 이름과 주소를 사용하는 수법을 이용하고 있다.

03 무역결제상의 사이버공격 유형

무역회사뿐만 아니라 대부분의 기업이 사이버공격의 위협에 직면해 있다. 가장 보편적인 사이버공격을 알아본다.

(1) 소셜 엔지니어링 악성코드

소셜 엔지니어링 악성코드는 데이터 암호화 랜섬웨어가 대부분이다. 사용자들이 자주 방문하는 웹사이트에서 트로이목마 프로그램을 실행하거나, 웹사이트가 훼손되어 정상적이지 않은 악성코드를 전달하는 것이다. 악성 웹사이트는 사용자에게 웹사이트에 액세스하기 위해 새 소프트웨어를 설치하거나, 허위 안티바이러스 또는 악성 소프트웨어를 실행하도록 종용한다. 더욱이 사용자들에게 브라우저나 운영체계로부터 나오는 보안경보를 무시하게 하거나 자체 방어수단을 중지시키도록 지시할 수도 있다. 특히 트로이목마는 무언가를 하는 척하거나 백그라운드로 사라지면서 사기를 행한다. 이들 악성코드는 해킹에 주로 이용된다.

해커는 네트워크를 통해 PC에 악성코드를 심어서 저장된 문서나 그림 등 데이터를 암호화시킨다. 그리고 이를 풀어주는 대가로 해커는 비트코인을 요구해 돈을 챙긴다.

글로벌 보안업체 시만텍에 따르면 2018년에 랜섬웨어로 인한 피해는 세계적으로 36만여 건 이상, 우리나라는 4,400여 건에 달한다. 최근에는 랜섬웨어 '로키'(locky)가 송장(Invoice)이나 답장(Re:)처럼 의심하기 어려운 e−메일 제목으로 유포되고 있어 주의해야 한다. 첨부 문서를 열면 곧바로 악성코드에 감염된다.

인터넷 접속만으로 랜섬웨어가 침투하는 경우도 있다. 전문가에 의하면 "인터넷 배너광고는 자동적으로 PC에 깔린 소프트웨어(플래시 플레이어, 자바 등)를 사용하는데, 낮은 버전일수록 보안에 취약해 해커가 이를 악용한다"라고 경고했다. 실제로 국내 한 대형 커뮤니티 사이트의 광고 서버를 통해 랜섬웨어가 유포돼 많은 사람이 피해를 보았던 적도 있다. 문제는 이런 해커의 공격이 점차 조직화·다양화·체계화되고 있다는 점이다. 다단계로 랜섬웨어를 '판매'하는가 하면, 음성 안내나 전용 콜센터를 갖춘 랜섬웨어도 나왔다. 최근에는 부팅이 되지 않게 하거나 컴퓨터의 모든 파일을 암호화하는 등 수법도 점점 악랄해지고 있다. 스마트폰도 안심할 수 없다. 2014년 게임 애플리케이션의 형태로 한 랜섬웨어가 발견된 적이 있다. 스마트폰 랜섬웨어는 앱을 스스로 설치해야 활동할 수 있는데, 해커들은 '승인' 대신 '계속'과 같은 버튼으로 보이게끔 화면을 교묘히 조작해 설치를 유도한다.

(2) 비밀번호 피싱 공격

일반적으로 60 ~ 70%의 이메일이 스팸메일인데, 이 중에 대부분은 사용자를 속여 로그인 정보를 빼내려는 피싱 공격이다. 안티-스팸 사업자 및 서비스 업체가 크게 발전했으나, 아직도 여러 개의 스팸메일은 교묘하게 위장하여 들어온다. 예를 들어 '사기성 이메일'임을 경고까지 하는 스팸도 있다. 이와 같이 정체를 드러내는 경우에는 인증정보를 요구하는 허위 링크로 보면 된다.

(3) 소셜 미디어 위협

온라인 세계는 페이스북, 트위터, 링크드인, 여타 국가별로 유명한 유사 사이트에 의해 주도된다. 소셜 미디어 위협은 가상의 친구 또는 애플리케이션 설치요청으로 다가오는 것이 보통이다. 이를 수락했다면 자신의 소셜 미디어 계정에 엄청난 액세스를 허용한 경우가 흔하다. 기업 해커들은 소셜 미디어 사이트와 기업 네트워크에서 공통으로 쓰일 수 있는 비밀번호를 수집하기 위해 기업 소셜 미디어 계정을 즐겨 공격한다. 최악의 해킹은 단순한 소셜 미디어 해킹으로 시작되었다는 점이다.

(4) 스피어 피싱

스피어 피싱은 특정인의 계정 또는 금융정보와 같은 중요한 정보를 캐내기 위한 공격을 말한다. 작살 낚시(spear fishing)에 빗댄 표현이다. 스피어 피싱은 기밀정보를 얻기 위해 온라인 공격을 하기 때문에 불특정 다수의 개인정보를 빼내는 피싱(phising)과 혼동될 수 있다. 피싱은 피해자가 암호, 사용자 이름 및 신용 카드 세부 정보와 같은 중요한 정보를 공유하도록 속이는 것을 지칭하는 광범위한 용어이다. 공격자는 전자메일, 소셜 미디어, 전화(음성 피싱의 경우 "vishing"이라고 한다) 및 문자메시지(SMS 피싱의 경우 "smishing"이라고도 함)를 통해 신뢰할 수 있는 것으로 위장하여 대상자와 접촉한다. 대상자의 친구, 고향, 직장, 자주 가는 장소, 또는 온라인으로 구입한 상품 등에서 개인정보를 수집하여 분석하여 정보를 입수한다. 특히 무역업체들의 수출입대금을 가로채기 위해 사용된다.

스피어 피싱은 일반 개인의 취약점을 노려 이루어지는 소셜 엔지니어링 해킹의 한 유형으로 볼 수 있다. 사회공학 해킹은 전산시스템이 아닌 전산을 운영하는 사람을 공격하는 방식이다. 뛰어난 해커라도 대형기관의 철저한 보안시스템은 거의 뚫을 수 없다. 그래서 사회공학기법을 많이 활용한다. 시스템은 실수가 거의 없는 반면 사람은 실수를 하기 때문이다. 전문가들은 "보안시스템이 잘 갖춰진 회사일수록 오히려 전화 한 통, 이메일 하나가 더 효과적인 경우가 많다"고 한다. 특히 해킹 목표를 정하고 수개월, 수년에 걸쳐 관리자의 정보를 확인한 뒤 악성코드를 심어 해킹하는 방법을 많이 사용한다. 이런 공격수법을 '지능형 지속위협'(APT, Advanced Persistent Threat)이라고 한다.

스피어 피싱에 의한 L기업의 무역대금결제 피해규모는 국내에서 발생한 사례 중 가장 큰 규모이다. 관계자들은 입금계좌를 변경한다고 통보하더라도 송금전에 각종 서류나 유선상으로도 확인하여야 한다는 점을 강조한다. 불특정 다수의 개인정보를 빼내는 일반 피싱과 달리, 스피어 피싱은 이메일 해킹을 통해 피해 기업의 거래내역이나 계좌정보를 캐내 치밀하게 준비하기 때문에 피해자가 거래 기업으로부터 입금독촉을 받을 때까지 피해사실조차 모르는 경우가 많다.

러시아 보안업체인 카스퍼스키랩(Kaspersky Lab)에 따르면, 스피어 피싱 범죄자들은 주로 악성 소프트웨어를 심은 이메일을 보내 컴퓨터의 스크린샷을 캡쳐하거나 컴퓨터를 다루는 모습을 녹화한다. 이런 방법으로 피해자의 입출금 체계를 수개월 넘게 관찰하다가 다른 은행에 만들어둔 계좌로 입금하도록 이메일을 보내는 것이다.

이러한 방식으로 해커들은 특히 무역업체나 일반기업의 수출입담당자가 이용하는 이메일을 해킹하여 계정정보를 확보하여 수출·수입업자 사이의 거래내역 등을 파악한 뒤에 해외에 개설한 사기계좌로 송금하도록 하여 무역대금을 가로챈다. 스피어 피싱의 경우 사기범들이 특정 기업과 거래한 적이 있는 기업이나 아는 사람을 가장해 송금 등을 요청하므로 범죄로 의심하기가 쉽지 않다. 해커들은 이메일이나 기타 온라인 메시지를 통해 중요한 정보를 수집할 수 있는 신뢰할 수 있는 친구 또는 기관으로 위장한다. 그래서 인터넷에서 기밀 정보를 얻는 가장 성공적인 형태로 스피어 피싱 공격의 91%를 차지한다(N. Giandomenico, 2019).

04 전자무역결제에서의 리스크관리방법

(1) 일반적인 사이버리스크관리

디지털화가 진전됨에 따라 개인, 공공 및 기관은 정보시스템에 더욱 의존하고 있는데, 그럴수록 사이버공격에는 더욱 취약해진다. 지적한 바와 같이 전자메일은 네트워크상에서 외부로부터 해커나 바이러스가 침입할 수 있는 리스크가 있는 것이다. 회사의 기밀이 국제적인 해커들에 의해 해킹되어 타국의 경쟁업체에 넘겨지는 일도 가능한 것이다. 이러한 바이러스를 방어하는 백신이나 소프트웨어가 있지만 완전한 대응책은 없는 것이 현실이다.

이와 같이 신종 악성코드, 보안취약점 등에 의한 사이버리스크가 급격히 증가하여 하루 평균 약 4만 3천 개의 신규 악성코드가 등장하였다. 정부당국에서도 정보보호 수준을 높이기 위한 중장기대책으로 "정보보호종합계획"을 발표하였다(과학기술정보통신부, 2019). 여기에 의하면 악성코드감염, 개인정보 유출 및 사생활 침해 등은 하락했으나, 보안 소프트웨어 설치, 비밀번호 변경 등 대응활동은 증가한 것으로 나타났다. 정부는 랜섬웨어 공격과 IP카메라 해킹과 같이 타깃형 사이버리스크에 맞춤형 정책을 발표하는 등 진화하는 사이버리스크에 적극 대응할 것임을 밝히고 있다.

랜섬웨어는 USB·외장하드·네트워크와 연결된 클라우드도 감염시킨다. 백업 데이터는 분리하여 보관하고 클라우드 등 네트워크를 이용한 백업은 로그인 기능이 있는 프로그램을 활용하는 것이 적절하다. 랜섬웨어의 피해를 막는 최선의 방법은 예방이다. 그래서 웹 브라우저를 이용할 때는 보안이 취약한 낮은 버전을 사용하지 말고 백신은 물론 소프트웨어를 지속적으로 업데이트해야 하는 것이 좋다. 특히 해킹당한 기업들이 해커에게 돈을 주더라도 완전한 상태로 복구된다는 확신은 할 수 없다. 그래서 개인뿐 아니라 기업 차원에서 보안·소프트웨어 업데이트 솔루션을 배포하는 등으로 다각도로 대비책을 마련하여야 한다.

McKinsey와 World Economic Forum은 사이버리스크에 대해 공동 연구를 수행했다. 이 연구에 의하면 세계경제는 여전히 사이버공격으로부터 보호받지 못하고 있으며 점점 악화되고 있다고 보았다.

결론적으로 새로운 사이버 보안운영모델을 구축하기 위해 다음과 같은 핵심사항을 제시하였다(McKinsey, 2014). 첫째, 대부분의 기관에서는 어떠한 정보자산이 우선되어야 하는가에 대해 파악하지 못하고 있다. 따라서 내부정보를 차별화하여 보호하여야 가장 중요한 자산을 보호할 수 있다. 둘째, 사이버 보안팀은 비즈니스 리더들뿐만 아니라 모든 직원들과도 자주 접촉하여 보안관계를 설명해야 한다. 셋째, 모든 정보가 잠재적 공격에 노출되어 있으므로 능동적으로 그러한 공격을 찾아 방어하여야 한다. 방어시스템을 지속적으로 테스트하고, 사이버전쟁과 같은 게임을 해야 한다. 넷째, 조직의 부서장급의 임직원들과 최전선의 직원들에게도 자산의 가치를 이해시키고 보안에 대해 협조를 구한다. 다섯째, 사이버보안은 공급 및 협력업체와 규제준수와 같은 다양한 세트에 통합하여 관리하여야 한다.

비밀번호 피싱 공격에 대한 대책은 잘 알려지지 않은 로그인 정보를 만드는 것이다. 예컨대 이중인증(2FA), 스마트카드, 생체정보, 전화통화나 SMS 메시지와 같은 개별 인증기법이다. 로그인 시에 단순한 이름과 비밀번호의 조합 이외에 무언가를 활성화할 수 있고, 또는 더욱 강력한 방법을 만들 수 있다면,

비밀번호 피싱 공격은 불가능할 것이다.

(2) 정보보호 관리강화

McKinsey에서 지적한 바와 같이 대부분의 기업이나 기관들은 어떠한 정보자산이 가장 우선적으로 보호되어야 하는가에 대해서는 고려하지 않고 있다. 그래서 사이버보안팀은 모든 밸류 체인과 전체적인 비즈니스리스크(예를들어, 새로운 제조공정에 대한 재산권적 정보의 손실)를 이해하고 그에 따른 정보자산을 우선적으로 선택하기 위해 비즈니스 리더들과 협의할 필요가 있다(McKinsey, 2014). 그래서 비즈니스리스크에 기반을 둔 정보자산을 우선시하는 동시에 다음과 같은 리스크관리를 실행할 필요가 있다.

1) 이메일 계정관리

일반적으로 소셜 엔지니어링 악성코드는 지속적으로 사용자 교육을 강화하여 잘 대처할 수 있다. 강화된 인증서를 이용해 인터넷을 이용하거나, 이메일에 답장하지 못하도록 하는 조치도 할 수 있다. 무엇보다도 의심스러운 이메일은 열지 않고 데이터 백업도 생활화하는 것이 중요하다.

무역거래담당자의 이메일 주소가 홈페이지에 노출되거나 또는 개인의 이메일주소를 분리하여 사용하지 않을 경우에 해커들은 정보를 쉽게 수집할 수 있다. 따라서 업무용 이메일 주소는 외부로 노출시키지 않도록 하여야 하며, 무역거래와 관련한 이메일은 업무상으로만 사용하도록 한다. 또한 스피어 피싱 공격리스크를 염두에 두고 아이디와 비밀번호를 철저히 관리하여야 한다. 별도의 추가인증절차(SMS나 OTP)를 만들어서 이메일계정의 보안을 강화해야 한다. 더욱이 모든 웹사이트에 동일한 아이디와 비밀번호를 사용하는 경우가 많은데, 특히 무역업무용은 개인 아이디나 비밀번호와는 다르게 사용하는 것이 바람직하다.

추가적인 보안기능으로 '차단설정', '전용아이디', '로그인 알림' 등을 사용하면 해외 IP를 차단하여 해커의 접속을 차단할 수 있다. 새로운 기기나 해외에서 로그인이 이루어졌을 때 신속하게 알림메일을 받을 수 있어서 해킹이 이루어지고 있다는 것을 알 수 있으며, 관계자에게 사실을 알리고 피해를 사전에 방지할 수 있다.

담당자는 자신의 블로그나 사이트 등에 개인정보나 무역관련 업무에 관한 정보가 공개되면 해커들이 손쉽게 기업의 정보를 입수할 수 있기 때문에 공개하지 않는 것이 좋다. 담당자 컴퓨터가 악성코드에 감염되는 이유는 운영체제나 응용프로그램의 보안에 문제가 발생되었기 때문이다. 감염을 방지하려면 안티바이러스 백신 프로그램을 설치하거나, 또는 업데이트를 수시로 받는 것도 중요하다.

2) 무역결제방식 및 계좌변경절차 강화

무역거래 관계사들과 계약서작성 시에 대금결제방식이나 계좌변경 등의 중요사항에 대해서는 계약서에 정해진 절차를 규정하거나, 추가로 확인을 하도록 계약서상에 명기하는 것이 필요하다. 일방적으로 무역대금결제계좌를 변경하여 피해가 발생할 경우에 책임소재를 명확하게 할 수 있다. 이메일 이외에도 전화나 팩스 등의 다른 통신방법으로 연락이 가능하도록 하는 것이 좋다.

현재 일반적인 무역결제방식으로는 신용장방식보다 송금방식인 T/T방식이 주류를 이루고 있다. 이러한 결제조건은 무역관련 복잡한 서류가 없기 때문에 간편하고, 수수료가 낮기 때문에 무역결제에서 많이 사용되고 있다. 그러나 은행에 의한 추심방식이나 신용장방식 등에 의해 제3자가 진위여부를 확인하지 않기 때문에 리스크가 많다고 볼 수 있다. 따라서 무역거래상의 수출상과 수입상 또는 거래은행 간의 대금결제관련 업무에도 추심이나 적절한 확인절차를 규정하는 것도 바람직하다.

(3) 스피어 피싱 리스크관리

스피어 피싱은 사전지식 없이는 탐지하기가 어렵다. 해커들은 개인들이 인터넷에 올린 정보를 해킹 대상으로 하기 때문이다. 소셜 네트워킹 사이트에서 개인 프로필을 볼 수 있는데, 이메일 주소, 친구목록, 위치 및 최근에 구입한 새로운 전자기기 등에 대한 게시물을 찾을 수 있다. 이러한 정보를 통해 해커는 친구같이 행동하면서 사기성 메시지를 대상자에게 보낸다. 사소한 개인정보라 할지라도 해커들에게는 결정적인 정보를 입수하는 실마리가 될 수 있는 것이다. 2008년 미국 공화당의 부통령 후보인 세라 페일린의 이메일 계정이 해킹당하는 사건이 발생했는데, 이 사건은 평범한 대학생이 범인으로 밝혀졌다. 전문적인 해킹 툴을 사용한 것이 아니라 단순히 구글과 위키피디아를 이용했기 때문이다. 페일린이 지정한 비밀번호 힌트를 구글과 위키피디아를 검색해 얻은 정보로 유추해 낸 것이다.

국내은행계좌를 이용하는 보이스 피싱은 피해사실을 인지한 순간 돈을 보낸 은행에 '지급거래정지' 신청을 내거나, '타행환 반환청구 소송'을 통해 돌려받을 수 있는 길도 있다. 그러나 무역대금결제를 위해 해외계좌로 송금을 하다 피해가 발생하는 스피어 피싱은 구제방법이 없다는 것이 전문가들의 입장이다. 국내은행처럼 해외은행에 지급거래정지 신청을 하는 것이 불가능하고, 국내은행 간 거래와 달리 해외계좌의 예금자는 확인하기가 쉽지 않기 때문이다. 또한 대금반환 국제소송을 제기해야 하기 때문에 비용과 시간이 든다. 그렇게 보면 원칙적으로 스피어 피싱에 의한 피해는 대부분 해당기업의 책임이며 은행에 책임을 미루기는 어렵다고 볼 수 있다. 따라서 해당기업이 무역대금을 송금하기에 앞서 거래처나 고객의 계좌를 확인할 의무가 있으며, 불확실하면 유선 등으로 확인을 해야 할 것이다.

이같은 사회공학 해킹은 무엇보다도 공격 대상의 정보를 입수하는 것으로부터 시작한다. 2011년의 농협대란이나 스턱스넷 등의 사례처럼 직원정보를 검색한 뒤 사이버공격을 감행하는 것이다. 한수원 전산망도 스피어 피싱 공격으로 뚫렸다. 해커는 한수원 퇴사자의 이름으로 한수원 직원들에게 이메일을 보냈다. 한수원 직원들은 이 첨부파일을 의심 없이 다운받아 첨부파일에 잠복하고 있는 악성코드를 한수원 서버에 들어오게 한 것이다. 이같이 사소해 보이는 개인정보도 사회공학 해킹에서 매우 중요하다.

표 5-1	스피어 피싱 공격을 피하기 위한 체크리스트

	내 용
개인 정보	인터넷에 자신의 개인정보인 프로필을 어떻게 게시했는가를 살펴보아야 한다. • 해커가 볼 수 있는 개인정보의 양은 얼마나 되는가. • 해커가 볼 수 있을 만한 정보는 게시하지 않는다. • 업무와 관련된 사항은 소셜 네트워크에 올리지 않는다. • 직장에서 사용하는 기기는 개인용으로 사용하지 않는다.
암호 사용	자신의 모든 계정에 한 가지 암호나 복합적인 암호는 사용하지 않아야 한다. • 암호나 이를 변형한 암호를 재사용하지 않는다. 이는 해커가 하나의 암호를 액세스할 수 있으면 다른 계정에도 액세스할 수 있다. • 보유한 모든 암호는 나머지 암호와 달라야 할 것이다. • 임의의 구, 숫자 및 문자가 있는 암호가 안전하다. • 데이터에 따라 비밀번호를 각기 다르게 설정하여 보호한다.
업데 이트	소프트웨어 제공 업체에서 새 업데이트가 있으면 바로 업데이트한다. • 대부분의 시스템에는 사용자를 보호하는 소프트웨어 업데이트가 포함되어 있다. • 자동 소프트웨어 업데이트를 사용한다.
이메일	알 수 없는 전자 메일의 링크를 클릭하는 것은 좋지 않다. • 은행 등의 공신력 있는 기관에서 링크를 보내더라도 해당은행의 사이트로 가 서 접속하여야 한다. • 링크로 마우스를 가져가는 것도 위험하다. • 스피어 피싱 공격자는 합법적인 URL처럼 보이는 텍스트를 사용하여 해킹할 수 있으니 조심해야 한다.
수신 메일	친분이 있는 자가 암호를 포함한 개인정보를 요구하는 이메일을 보낼 수 있다. • 송신자의 전자 메일주소가 전에 사용했던 것인지 주의 깊게 확인해야 한다. • 비즈니스에서는 사용자 이름이나 비밀번호를 묻는 이메일을 보내지 않기 때문 이다. 최선의 방법은 당사자인지 전화로 확인하는 것이다.
교육	데이터 보안 사례에 대한 사용자 교육과 데이터 보호 프로그램은 스피어 피싱 공격으로 인한 데이터 손실을 방지하는 데 도움이 된다. 중소기업들은 데이터 손 실 방지 소프트웨어를 설치하는 것이 좋다.
기타	• 수상한 행동을 하는 사람은 반드시 인사과에 통보한다. • 데이터 망을 분리하여 공격당한 곳 이외에는 안전할 수 있게 한다.

자료: KOTRA, 무역사기유형별 대표사례 및 대응책, 2017 및 McKinsey, "Risk and Responsibility
in a Hyperconnected World: Implications for Enterprises", *McKinsey January Report*,
2014. 등의 내용에서 작성함.

최근 SNS의 등장은 사람들의 정보를 쉽게 수집할 수 있게 해 준다. SNS 등장은 해커들이 유명인을 비롯한 개인들의 사생활 정보에 쉽게 접근할 수 있게 해 준다. 평범한 사람들도 인터넷에 올려 여러 사람과 공유할 수 있게 했는데, 이러한 점이 악용되는 것이다. 이제 해커는 구글링만으로 SNS에서 각 개인이 업데이트한 정보를 찾을 수 있다. 어느 학교를 졸업했는지, 직업은 무엇인지 그리고 어떤 사람과 친분을 맺고 있는지 등의 정보를 얻을 수 있다. 물론 모든 사람들이 해커의 공격대상이 되는 것은 아니다. 그러나 해커가 해킹할 동기가 있다면 이제 SNS 내에서 검색을 통해 얼마든지 정보를 가져갈 수 있다. 예전에는 개인화된 사회공학 해킹은 불가능했다. 정보를 찾는 것은 상당한 시간을 요구하기 때문이다. 그런데 이제 SNS로 인해 개인정보를 쉽게 찾을 수 있고 이에 맞는 사회공학 해킹이 가능하다.

L기업도 바로 이러한 사기 수법에 당했다. 그리고 이러한 사건은 사회공학 해킹의 고도화와 함께 늘어날 것으로 보인다. 완전히 막을 수 없지만 이런 피해를 가능한 한 억제하기 위해서는 대비책이 필요하다. 그래서 SNS를 통한 사생활 노출을 최소화하는 등의 체크리스트가 유용할 것이다.

(4) 정보보호 교육훈련 실시

McKinsey에 의하면 업무상의 직위고하를 막론하고 모든 구성원에게 업무상의 정보자산 가치를 이해하고, 사이버리스크관리에 대처할 것을 권장했다. 자신이 접속하는 곳에 엄청난 사고가 발생할 수 있다는 점을 이해시켜야 하는 것이다. 사용자들이 불안정한 암호를 선택하는 것보다도, 해커들이 이메일을 보내어 민감한 파일에 접속하려는 시도가 있다는 점을 알아야 하는 것이다. 다시 말해 조직의 구성원들은 해커들이 보낸 이메일이 자신의 편지함에 도착하여 사기행위를 하려는 리스크를 인식하고 있어야 하는 것이다. 특히 외부 웹사이트에서는 기업 내에서 사용하는 비밀번호를 사용하지 않도록 주지시켜야 한다. 또한 해킹된 소셜 미디어 계정을 동료가 대신 신고할 수 있고, 또 동료의 계정에서 뭔가 잘못되었음을 알아차리는 경우에 신속하게 지적해 주어야 한다는 것이다.

　마지막으로 기업 내 모든 정보가 잠재적 공격에 노출되어 있으므로 능동적으로 그러한 공격을 찾아 방어하여야 한다. 방어시스템을 지속적으로 테스트하고, 사이버전쟁과 같은 게임을 해야 하는 것이 중요하다. 사이버보안팀은 비즈니스 리더들뿐만 아니라 모든 직원들과도 자주 접촉하여 보안관계를 설명해야 한다.

무역클레임과 결제리스크관리

클레임이란 단어는 법률적으로 청구, 청구권, 요구, 주장 및 소송상의 청구 등을 의미하고 있다. 수출업계에서는 손해배상금 지불을 요구받는 것으로 보고 있으나 손해에 따른 고충이나 불평불만 등으로 해석하기도 한다.

무역클레임은 상대방이 계약조건을 위반하여 발생하는 경우가 대부분이다. 그러나 시장상황이 악화되어 수입상이 수출상에게 가격을 인하해 달라거나 인수를 거부하는 등의 고의적으로 제기하는 마켓클레임도 적지 않다. 운송 중에 발생하는 손해는 하주(荷主)가 선박회사를 상대로 한 운송클레임과, 보험회사를 상대로 손해보상을 청구하는 보험클레임도 발생한다.

일반적으로는 클레임을 방지하기 위하여 매매당사자 간의 매매계약에 클레임조항을 두는 경우가 많다. 여기에는 클레임을 제기하는 기간과 제기방법, 관련 증빙서류에 관해 명기하고 있다.

01 무역클레임 발생의 직접적 원인

무역클레임 발생의 직접적 원인을 다음 세 가지로 나눌 수 있다.

- 계약체결과정에 원인이 있는 경우이다. 계약성립의 가장 중요한 요건인 청약과 승낙에 따른 계약의 유효성에 관하여 클레임이 발생하기 쉽다. 계약이 성립할 때에 최종 승낙을 어떻게 확인하느냐에 따라 계약내용이 달라질 수 있기 때문이다. 청약과 대응청약이 반복되는 동안 의사표시의 내용에 착오나 사기 또는 강박(强迫)이 있다고 주장할 경우에 계약의 유효성에 문제가 생길 수 있다.

• 계약내용에 원인이 있는 경우이다. 계약체결 시에 품질의 기준과 기준시점 명시, 수량의 과부족 용인약관, 포장방법, 가격의 산출기준, 선적시기, 적하보험의 담보조건, 신용장조건의 대금결제에서 은행수수료 부담책임자, 검사시기, 불가항력조항, 클레임조항, 중재조항 등에 관하여 명백하게 합의하여야 할 필요가 있다.

• 계약의 이행에 원인이 있는 경우는 다음과 같다.

① 지연선적(delayed shipment)
② 품질클레임(claim on quality)
③ 수량클레임(claim on quantity)
④ 포장클레임(claim on package)
⑤ 대금을 지급하지 않는 클레임(claim on non-payment)
⑥ 신용장을 개설하지 않는 클레임(claim L/C being not opened)

02 무역클레임 발생의 간접적 원인

무역클레임은 다음과 같은 간접적 원인에 의해 발생될 수 있다.

• 언어가 다르기 때문에 계약해석에 관련한 의사소통에 문제가 있는 경우이다.
• 상관습과 법률이 다르기 때문에 발생된다. 매매, 운송, 보험, 결제 및 중재 등에 관한 국제적인 관습과 각국의 법규 중에서 잘못 적용하여 발생되는 문제점이 있다.
• e-메일이나 인터넷에 의한 전자문서를 사용하는 경우에 전달과정상의 오류나 수·발신(發信) 시기에 분쟁이 발생할 가능이 있다.
• 신용조사를 정확하게 시행하지 않아서 상대방의 대금결제능력이나 도

덕성의 결여 등에 의한 문제가 발생될 수 있다.

- C.I.F.조건에서는 보험계약자는 수출상이지만, 리스크를 부담하는 시점은 다르기 때문에 보험 분쟁이 생길 수 있다. 특히 수출상이 포장을 불충분하게 하거나 화물고유에 하자가 있는 경우 등은 보험에서 담보되지 않기 때문에 사전에 유의하여 대책을 세워야 한다.

- 일부 국가가 사용하는 도량형이 국제적인 표준과 다른 점에 유의하여야 한다.

- 상대방 국가의 법규를 잘 알지 못하여 문제되는 경우도 많다. 예를 들어 계약에서 UN통일매매법을 준거법으로 채택하더라도 소비자보호법, 독점금지법, 식품위생법 등은 국내법이 적용되므로 클레임을 유발하는 간접적 원인이 될 수 있다.

표 6-1   무역클레임의 종류

품질

수출물품질불량(inferior quality)
품질차이(different quality)
낮은 등급(inferior grade)
다른 제품혼합(different quality mixed in)
변질(deterioration)
변색(discoloration)

가격 및 결제

가격조정(price adjustment)
초과지급(over payment)
초과비용지출(overcharge)
검사료(survey fee)
벌금 또는 과태료(fine or penalty)
체선료(滯船料; demurrage)
어음할인거부(reluctance to negotiate draft)

계약

계약위반(breach of contract)
계약취소(cancellation of contract)
계약종료(termination of contract)
계약거절(rejection of contract)

인도

하역손상(stevedore damage)
지연선적(delayed shipment)
불착(non-delivery)
분실(missing)
갑판유실(drifting away)

서류

부정송장(incorrect invoice)
기재사항이 다르다(misdescription)
서류가 미비(lack of document)

포장

포장불충분(insufficient package)
포장불완전(incomplete package)

03 무역클레임의 종류

무역클레임의 종류는 발생원인, 클레임의 성질, 제기당사자 등에 따라 다음과 같이 분류할 수 있다.

04 클레임의 성질에 따른 분류

(1) 일반 클레임

무역거래를 수행하는 과정에서 발생하는 일반적 클레임으로서 매매당사자 일방의 과실이나 태만으로 발생하거나 당사자 이외의 제3자에 의하여 야기된다.

(2) 시황(市況)에 따른 클레임

계약이 성립되었으나 물품의 시세가 하락하여 손해를 입을 것으로 예상될 때 경미한 과실 등을 이유로 제기하는 클레임을 말한다. 이러한 경우 대부분이 가격을 인하해 달라는 요구나 인수거부 등의 형태로 제기된다. 이는 정당한 클레임인지 판단하기 어려운 경우가 있다. 또한 무신용장조건의 경우 어음지급을 거부하겠다고 위협할 가능성이 있기 때문에 거래 전에 수입상의 신용을 조사하여 도덕성 여부를 잘 파악하여야 한다.

(3) 계획적인 클레임

수입상이 교묘한 사기술로 수출상이 계약이행에 지장을 일으키게 한 뒤에 제기하는 클레임이다. 대부분의 클레임은 선의 또는 신의성실의 원칙에 따라 주의를 기울이면 사전에 방지할 수 있는 '피할 수 있는 클레임'(avoidable claim)이다. 그렇지만 실제로 클레임은 주의부족에서 발생하는 경우가 많다. 예를 들면, 거래처의 선정과 신용조사에서 충분한 주의를 기울이지 못하였거나, 상담과 계약절차에 있어서 주의를 하지 않을 경우에 그 원인이 된다. 계약을 이행하는 과정에서도 주의를 다하지 못하면 클레임이 발생된다.

(4) 불가항력(不可抗力)에 의한 클레임

수출상이 계약물품을 보관하고 있던 창고가 화재로 소실되거나 대설로 도로가 봉쇄되어 물품을 운송하지 못하는 경우가 있다. 계약물품이 해상운송 중에 태풍으로 침몰하거나, 해적을 만나 물품을 강탈당하는 경우도 있을 것이다. 그 외에도 수입상이 수출대금을 지불하기 위하여 송금하려 했지만 은행이 도산하거나 수입상이 소재하고 있는 나라가 외환위기로 해외송금을 정지시키는 경우도 있다. 이와 같이 계약당사자의 의지와 관계없이 발생되는 불가항력으로 계약이행에 큰 차질이 생기는 경우에 이행책임은 누구에게 있는가. 나아가 이에 따른 손해는 어떻게 할 것인가에 따라 당사자 간의 이행책임의 소재에 따른 분쟁이 발생할 수 있다.

05 클레임의 유형

클레임을 제기하는 측에서 요구하는 바는 다음 세 가지 유형으로 나눌 수 있다.

(1) 지급거절

송금결제나 신용장조건에서는 선적하기 전이나, 선적하는 동시에 대금을 결제받을 수 있기 때문에 지급거절이 일어나지 않는다. 그러나 D/A나 D/P 계약서베이스의 경우 수입상은 대금지급을 거절하거나 서류인수를 거절할 수 있다.

(2) 손해배상액의 청구

수입상은 물품을 수령한 후에 물품의 품질이나 수량이 계약과 일치하지 않을 경우 수출상을 상대로 손해배상을 청구한다.

(3) 대금감액(代金減額) 청구

일반적인 형태로 도착물품의 품질, 포장, 하인, 상품 등이 계약내용과 일치하지 않거나 계약과 다른 물품이 운송된 경우다. 수입상은 수출상에게 물품을 계약가격보다 싼 가격으로 인수하겠다고 요구하는 것을 말한다. 대금감액의 방법에는 대금잔액으로부터의 감액이나 다음 계약분 또는 선적분에 대한 감액 등의 방법이 있다.

(4) 금전 이외의 청구

도착한 상품의 품질상 하자가 있거나 그 품질이 계약내용과 다를 경우 수입상은 물품인수를 거절할 수 있다. 매매계약서상 인수거절에 관한 약정이 있는 경우 수입상은 물품의 내용이 인수를 거절할 만한 요건이 되면 거절할 수 있다. 매매계약서상 인수거절에 관한 약정이 없는 경우에도 물품이 계약내용과 다를 경우, 예를 들어 1급품을 계약했지만 실제로는 2급품을 공급하거나 면책되는 비율 이상의 다른 물품을 혼입하거나, 치수나 상품의 계약과 불일치하는 경우에도 수입상은 준거법에 따라 인수거절권을 행사할 수 있다. 이러한 경우에 수출상이 송금이나 신용장조건으로 미리 대금을 수령하였을 경우에는 이를 반환하여야 한다.

계약대로 이행할 것을 청구하는 것도 넓은 의미의 클레임에 속한다. 수출상 또는 수입상이 상대방에게 계약의 정당한 이행을 청구하는 것은 당연하다고 할 수 있으나 상대방이 이행하지 않는 경우에는 중재나 소송을 통하여 강제적으로 이행을 강요하는 경우도 있다.

수출상이 수입상에게 이행을 청구하는 대표적인 케이스는 신용장개설이다. 신용장의 개설이야말로 수출상의 생산개시, 선적준비가 이행되어야 하는 조건이기 때문이다. 수입상이 신용장을 개설하지 않으면 수출상은 손해배상을 청구할 수 있다.

클레임이 발생되면 가해자는 손해를 배상하여야 하기 때문에 경제적으로나 시간적으로나 피해를 입게 된다. 따라서 클레임이 발생한 후 그 해결방안을 강구하는 것도 중요하지만 클레임의 발생을 예방하는 대책을 강구하는 것도 중요하다. 클레임의 예방대책을 살펴보기로 한다.

(1) 신의성실의 원칙 고수

신의성실의 원칙은 원래 윤리적·도덕적 규범이었으나 공·사법의 모든 영역에 있어서 지켜야 할 기본원리이며, 국제무역거래에 있어서도 준수할 최고의 규범이다.

(2) 철저한 신용조사

상대방에 대한 경제적 평가, 특히 지급능력을 조사하는 것을 말한다. 물론 이 용어에는 인격적·도덕적 의미도 포함되어 있다. 따라서 상대방과 거래를 시작할 때나 또는 거래개시 후 일정기간에 상대방의 신용상태를 정기적으로 조사하여야 한다.

(3) 신용조사의 방법

자기의 거래은행이나 국내·외 신용조사기관에 의뢰하여 상대방의 신용조사를 할 수 있다. 특히 인터넷을 이용하여 조회할 수 있다. 신용조사의 결과 상대방의 신용에 확신이 없을 경우 이를 보완하는 방법으로 보증금제도와 신용장제도를 활용할 수 있다. 이러한 보증제도는 국제입찰에서 많이 이용되고 있으며 보증신용장(standby L/C)이 주로 이용되고 있다.

(4) 계약서상의 클레임조건 명시

매매계약서상에 클레임의 제기기간, 제기방법, 증빙서류 및 비용부담자 등을 명기하여야 하며, 클레임을 중재로 해결하고자 할 경우 중재조항을 삽입하여야 한다. 여기에는 중재지, 중재기관 및 준거법 등을 명기하여야 한다. 또한 클레임을 제기하기 위한 정당성 확보를 위한 검사조항이 명시되어야 한다. 검사조항에는 검사시기, 검사방법, 검사증빙서류 등에 관한 내용이 포함되어야 한다.

다음으로 제조업자선정에 유의해야 한다. 수출상이 직접 생산하지 않고 동일국 내의 제조업자로부터 구입하여 수출할 경우 제조업자를 잘못 선정하면 품질이 좋지 않을 경우도 있다. 따라서 제조업자 선정 시 신중하여야 하며 제조업자와 정확한 납품계약을 체결하여 품질 때문에 수입상으로부터 제기되는 클레임은 제조업자에게 그 책임을 전가할 수 있도록 하여야 한다.

07 클레임의 경감대책

클레임리스크를 경감시키는 방법은 수출상의 계약책임의 범위를 구체적으로 다음과 같이 계약서에 명시하는 것이 필요하다.

- 사용목적에 부적합하지 않은 한 약간의 흠은 품질보증위반이 아니다.
- 품질보증클레임은 '선적 후 2개월' 또는 '하역 후 1개월' 등으로 지정한다.
- 품질보증위반에 대한 구제조치는 수출상이 선택하는 것보다 물품교환이나 대금감액으로 한정시킨다.
- 분쟁은 중재에 의해 해결하고 피신청인이 있는 나라의 중재원에서 해결하도록 한다.

납기지연에 관한 클레임은 불가항력에 의한 면책조항을, 수량클레임은 수령한 물품의 수량이 계약에서 정한 5%의 범위에서 증감하는 것도 허용하는 특약을 계약서에 명기하면 클레임이 감소될 것이다. 한편 수출상이 제조하지 않고 하청하거나 구매하여 수출하는 경우에는 제조업자나 구매업체에 기술,

품질, 성능상의 문제가 발생하면 해당업체에 그 책임을 전가시키도록 계약서에 필히 명기하여야 한다.

클레임에 대응하는 것은 직접적인 이익이 되지는 않지만 그동안의 수익을 유지하거나 손실을 경감시키기 위해서 중요한 일이다. 따라서 거래선의 클레임을 지연시키거나 방치할 경우에는 소송을 당하거나 더욱 큰 분쟁에 휘말릴 가능성도 크다. 그래서 클레임의 원인을 조사하여 수출상의 책임이 클 때는 거래선에 대해 계약에 따른 품질보증책임을 신속하게 이행하는 것이 필요하다. 물론 수출상의 책임이 없다는 결론이 나면 그 이유를 논리적으로 설명하여 클레임을 거부할 수 있다. 이와 같이 대응함으로써 무역거래에서의 클레임에 따른 손실을 최소화시킬 수 있다.

01 민사소송

무역거래상의 대부분의 분쟁은 당사자 간의 교섭에 의해 화해로 해결되는 경우가 많다. 그러나 당사자의 이해가 끝까지 대립하는 경우에는 한계가 있다. 이러한 때에 사용되고 있는 수단이 민사소송과 중재(仲裁)이다.

- 민사소송은 법원이라는 공적인 기관이 민사에 따른 분쟁을 강제적으로 해결하는 제도이고, 강행적인 분쟁해결의 방법이라 할 수 있다. 그런데 현재의 국제사회에서는 민사분쟁을 일반적으로 해결하기 위한 국제적인 재판기관은 없다. 따라서 국제거래에 관한 민사소송도 어느 국가의 국내법원에서 행해지지 않으면 안 된다. 그러나 국제적 재판관할권이나 외국판결의 승인·집행 등에 관한 각국의 법제(法制)가 다르기 때문에 당사자가 어느 국가에서 재판을 바라더라도 그 국가의 법원은 당연히 그 관할을 인정한다고는 할 수 없다. 또한 어느 국가의 법원에서 급부판결(給付判決)을 얻더라도 그 판결에 기초하여 다른 국가에서 당연히 강제로 집행할 수는 없는 것이 현실이다.
- 민사소송은 무엇보다도 소송절차 및 언어가 달라서 외국에서 재판하기에는 현실적으로 곤란한 점이 많다. 물론 이러한 어려움을 제거하기 위한 노력이 국제적으로 이루어지고 있기는 하다. 예를 들어 국제적 재판관할권이나 외국판결의 승인·집행 등에 관하여도 각국법을 통일·조정하기 위하여 2국 간이나 또는 다수국 간 조약이 작성되고 있다. 그러나 이들의 조약은 특정한 사항인 해사(海事)에 관한 조약이나 국제항공운송에 관한 조약에서 국제적 재판관할권에 관한 규정을 두는 경우가 많다.

이와 같이 민사소송에 의한 분쟁의 해결에는 여러 문제가 있기 때문에, 국제거래에는 소송에 의해 분쟁을 해결하기보다도 오히려 재판 외의 분쟁해결 절차인 국제상사중재를 이용하는 경우가 많다.

02 국제민사소송

국제거래에는 일반적으로 소송보다도 중재에 의해 분쟁을 해결하는 예가 많다. 그러나 중재는 당사자의 합의를 기초로 하기 때문에, 합의가 되지 않으면 중재도 불가능하다. 이에 대하여 소송에 의한 분쟁해결은 상대방의 동의의 여하에 관계없이 이용할 수가 있다는 점에 특징이 있다.

국제거래에서 생기는 분쟁을 소송으로 해결하기 위해서는 일정한 국가의 법원에 소송을 제기하여야 한다. 이 경우 다음과 같은 문제가 있다.

- 소송이 제기된 국가의 법원은 당해 사건에 관하여 재판을 행하는 관할권(管轄權)을 가지고 있는가. 이른바 국제적 재판관할권의 문제이다.
- 소송절차(訴訟節次)에 관하여는 소송이 진행되는 법정지(法定地)의 절차법에 따르는 것이 원칙이지만 소송의 당사자가 외국인·외국법인인 경우에는 당사자능력, 소송능력, 당사자적격 등에 관하여 국내 사건과는 다른 문제가 생긴다. 또한 섭외사건의 진행 및 심리를 위하여 송달(送達)이나 증거수집 등에 관하여 국제적인 사법공조를 필요로 하는 경우가 있다.
- 외국에서 내려진 판결에 대하여 국내에 있어서 어떠한 효력을 인정할 수 있는가도 문제가 된다. 이것은 외국 판결의 승인·집행에 관한 문제이다.
- 외국법원에서 계속 진행 중인 사건에 관하여, 국내에서 그와 같은 소송이 제기된 경우, 소송의 경합을 인정할 것인가가 문제된다. 이는 소위

국제적 소송경합의 문제이다.

03 국제적 재판관할권

어느 국가의 법원에서 재판을 할 것인가 하는 문제가 국제적 재판관할권이다. 특정 국가의 측면에서는 자국과 어떠한 관계가 있는 사건에 관하여 재판을 수행할 권한을 가지는가 하는 문제이다.

재판제도 및 소송절차는 나라에 따라서 다르고, 언어가 다르기 때문에 재판을 행하는 국가는 중요한 문제가 된다. 국제사법도 각국마다 다르기 때문에, 국가별로 당해 사건에 적용되는 법이 다르고 또 판결에 차이가 있을 가능성도 있다.

국내사건에서는 당사자가 소송을 제기한 법원이 관할하게 된다. 그러나 국제적 재판관할권의 문제는 당사자에게는 중요한 의미를 가지기 때문에, 국제민사소송에는 치열한 논쟁이 되는 경우가 많다. 국제거래에 관한 소송에서 주로 문제되는 개별적인 관할은 다음 원칙에 의해 결정된다고 할 수 있다.

- 피고의 주소지이다. 자기의 권리를 주장하기 위하여 적극적으로 소송을 제기하는 원고에 대하여, 소극적 입장에 있는 피고가 방어할 수 있도록 하는 편의는 관할권의 결정에 있어서도 고려해야 하기 때문이다. 따라서 이 경우의 주소는 주로 피고가 방어하기 위한 편의의 관점에서 결정되어야 하는 것이다.
- 의무이행지(義務履行地)이다. 채무자에 따라서 의무이행지의 예측이 가능하고 그 장소에서 급부(給付)를 실현하는 것이 본래의 계약의 취지에도 부합하기 때문이다. 이 경우의 의무이행지는 계약준거법에는 없으나 각국의 국제민사소송법상의 이념에 따라 결정되어야 한다고 해석한다.
- 재산소재지(財産所在地)이다. 원고의 청구가 당해 국가에 소재하는 특정

물건 또는 권리를 목적으로 하는 때에는 그 재산의 소재를 이유로 하여 당해 국가의 법원에 국제적 재판관할권을 인정하는 것이 가능하다.

- 불법행위지(不法行爲地)이다. 불법행위에 관한 소송에는 증거수집의 편의, 피해자의 보호 등의 관점에서 불법행위지역의 국가 관할이 인정되고 있다. 제조물책임에 관한 판례는 이것을 불법행위의 일종으로 해석하여 가해행위지 혹은 손해발생지의 어느 것이 국내에 있는 경우에는 국내의 관할을 긍정하고 있다.

- 국제거래에서는 분쟁의 발생에 대비하여 계약 중에 재판관할의 합의를 정할 수 있다. 이와 같이 당사자가 재판관할을 합의한 경우에는 외국의 전속관할에 속하는 것이 아닌 한, 국내법원에서 국제적 재판관할권이 인정된다.

리스크는 장래에 나타날 사고나 사건에 관한 것으로서(P.G. Moore, 1983), peril, uncertainty(사고발생의 불확실성), possibility(사고발생의 가능성), hazard, contingency(예측불능사태), accident(우발사고), crisis(위기), danger(리스크상태), threat(위협), pinch(고난)와 같이 구분하였다(M, Kenneth and W. Donald). Maynard와 Hedges(1951)는 이를 다시 정태적인 리스크와 동태적인 리스크로 분류하였다. 무역결제상의 리스크는 바로 이 동태적 리스크의 성격을 가진다고 볼 수 있다.

다음으로 손실만 발생시키는 순수 리스크와 투기적 리스크로 구분할 수 있다(龜井利明, 2001). 기업운영에서의 발생되는 투기적 리스크는 기업활동의 여하에 따라 손실과 이익사이에서 발생가능한 리스크를 말한다. 따라서 전자무역결제상에서는 리스크 시기를 예측할 수 없으며, 리스크 정도도 높은 투기적 성격을 가진다고 할 수 있다.

무역리스크 중에는 발생빈도가 높은 리스크는 확률측정이 용이하지만, 그렇지 않은 리스크는 측정하기가 어렵다. 결과적으로 전자결제상의 리스크를 포함한 대부분의 무역리스크는 계획력, 조직력, 지도력, 통제력 등에 대한 관리가 부족하거나 이를 충분하게 처리하지 못하였기 때문에 발생된다고 볼 수 있다.

리스크관리는 리스크나 위기를 적절하게 처리하거나 이에 대응하기 위한 대책, 업무, 정책, 관리, 전략 등의 구체적 대비책을 의미한다. 다시 말해 리스크나 위기에 적절하게 대응하거나, 리스크나 위기를 합리적으로 제어하여 그 피해와 손해를 최소한도로 줄이는 것을 말한다. 리스크관리는 통제할 수 있는 범위는 최대한으로 늘리고, 결과를 통제할 수 없는 범위는 최소화시키는 데에 있다.

무역결제와 관련한 리스크관리는 먼저 무역리스크를 리스트로 만들어 이를 분류, 정리하는 것으로부터 시작한다. 첫째, 수출입이 진행되는 과정에서 어떠한 사고가 발생할 가능성이 있는가의 책임과 비용리스크, 둘째, 그에 따른 리스크가 어떠한 결과를 가져오고, 어떠한 손실의 형태로 되는가하는 물적손실, 채권회수불능, 이익상실, 손해배상책임, 보상책임, 보증책임, 비용부담 등을 검토해야 할 것이다.

01 거래선선정과 신용관리

(1) 거래선선정

신용 있는 거래선선택은 비즈니스의 성패가 달려 있을 정도로 중요하다고 볼 수 있다. 무엇보다도 수출입거래를 안정적이고 지속적으로 진행시키기 위해서는 충분한 자본력이 필요하다. 기업활동을 폭넓게 하려면 충분한 자산이 필요하므로 거래선에 대해 다음과 같은 점을 파악하여야 한다.

- 건물이나 설비가 건실한가
- 사업자금이 충분한가
- 구매와 지급에 필요한 자금이 충분한가
- 불황에도 견딜 만한 내성이 있는가
- 신규사업에 진출할 만한 여력이 있는가

이러한 점에서 볼 때 가장 기본적인 것은 자본력(資本力)이라 할 수 있다. 이는 기업의 규모나 전통, 사업의 다각성 등에 나타나 있다. 또한 거래은행이나, 거래선 또는 동업자에 조회하여 파악할 수도 있다.

자본이나 자금이 풍족하고, 충분한 자산을 소유하고 있어도 판매나 구매기법이 서툴러서 실패하는 경우가 많다. 그 외에 신제품을 개발하는 기술력, 생산능력, 홍보력도 중요하다. 시장조사나 시장분석이나 해외마케팅계획의 수립이나 실시, A/S나 대금회수나 시장의 경험 이외에 해외마케팅, 그리고 이를 향상시키는 피드백 능력도 중요하다고 볼 수 있다.

현재에는 아무런 분쟁이 없어도 세계경제환경이 변하거나, 시일이 경과함에 따라 거래상대방 기업이 부실화되기도 한다. 이는 기업의 경쟁력이 약화되는 것을 의미한다. 장래성이 있고, 발전성이 있는 기업은 시간이 경과할수록 진전되어 건실한 기업으로 성장하는 수도 있다. 어떠한 거래선을 선택하는가는 기업의 사활이 달려 있는 문제이다.

수출은 외국과의 거래이기 때문에 사회, 제도, 문화, 상관습도 모두 이질적인 세계와의 상거래라 할 수 있다. 한 번이라도 분쟁이 발생되면 이를 해결하기가 쉽지 않다. 그렇기 때문에 충분히 신뢰할 수 있는 신의성실한 기업철학을 가진 기업과 거래하는 것이 중요하다.

신뢰할 수 있는 기업은 업무수행이 원활하다. 채권채무의 이행에 있어서도 신뢰할 수 있고, 기업활동의 모든 분야에 대해서도 자기중심적이지 않으며, 극단적으로 이익지향적이지도 않은 기업이다. 이런 기업은 언제라도 거래선, 소비자, 사회의 이익을 공동으로 지키고, 상대방의 입장을 배려한다. 이는 경영자의 인격이나 종업원의 업무태도에서도 알 수 있다. 이를 기업철학이라고 할 수 있다.

(2) 신용측정의 기준요소

국내거래에 비해 수출거래선의 신용상태는 파악하기가 어렵다. 국내거래는 거래선과 직접적으로 대면하여 절충할 수도 있고, 비상시에는 물품을 차압하거나 거래선의 재산에 대해 법적인 수속을 진행시킬 수도 있다. 그러나 수출거래는 일반적인 방법을 채택하기가 곤란한 것이 사실이다. 물론 수출보험이 있지만 잘 채택되고 있지 않은 실정이다. 우수한 거래선과 거래할 수 있다면 수출입거래의 리스크가 발생될 가능성이 일단은 감소될 것이다. 거래선의 신용은 [그림 6-1]의 4가지 기준요소를 이용하여 측정할 수 있다.

거래선에 대한 신용조사 없이 거래하다가 손해를 보는 경우가 상당히 많다. 따라서 수출상은 수입상에 대한 신용조사를 실시하여 신용리스크에 따른 손해를 방지하는 대책의 하나로서 중요한 의미를 가진다.

그림 6-1 신용측정의 기준요소

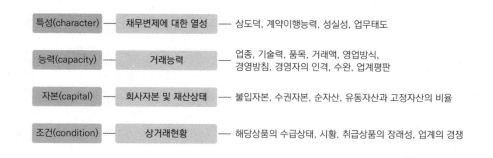

특성(character)	채무변제에 대한 열성	상도덕, 계약이행능력, 성실성, 업무태도
능력(capacity)	거래능력	업종, 기술력, 품목, 거래액, 영업방식, 경영방침, 경영자의 인격, 수완, 업계평판
자본(capital)	회사자본 및 재산상태	불입자본, 수권자본, 순자산, 유동자산과 고정자산의 비율
조건(condition)	상거래현황	해당상품의 수급상태, 시황, 취급상품의 장래성, 업계의 경쟁

일반적으로는 수입상이 도산하거나 대금지급불능의 사태, 전쟁, 파업, 폭동, 천재지변 및 수입제한 등에 의한 비상리스크가 많이 발생된다.

신용측정의 기준요소를 조사한 결과에 따라 거래능력이 있는가 또는 담보능력(collateral)이 있는가를 판단할 수 있다. 신규 수출거래선은 신용특성(character)에 대해서 중점적으로 조사해야 할 것이다. 기존의 거래선에 대해서도 수시로 이 네 가지 조건으로 점검하여 신용상태를 정확하게 파악해야 할 것이다.

이러한 신용조사결과가 만족한 것으로 판명되면 거래선을 결정한다. 이때에는 거래에 관한 일반적인 결정사항을 문서화하여 교환할 수 있다. 특히 일정기간은 문서화하지 않고 어느 정도 기간이 경과한 후에 양자가 만족한 상태에서 정식으로 문서화한 계약을 체결함으로써 거래선의 신용리스크변동에 대비할 수 있다. 또한 상대방의 신용상태는 고정적이지 않고 항상 유동적이기 때문에 정기적으로 확인해야 할 필요가 있고 또 필요에 따라 추적조사를 시행할 필요도 있다.

기업도산은 단순한 경제환경만이 아니라 도산원인이 다양화되고 있다. 거래선에 부정적인 정보가 입수되면 상세히 파악하여 대처해야 할 것이다.

(3) 신용조사방법

거래상대방의 신용조회는 다음과 같은 방법을 주로 이용하고 있다.

1) 환거래은행을 통한 신용조사

수출상이 거래관계가 있는 환은행에 의뢰하여 거래선이 있는 지역의 은행에 거래선의 재산이나 신용상태를 조회하는 방법이다. 은행의 신용조사에는 회사의 설립년월일, 회사구성, 경영규모, 자본현황, 업종, 영업현황, 경영자의 인격·능력, 업계에서의 위치와 평판, 거래은행명, 지급의무이행의 확실성 등의 기업의 단기지급능력에 역점을 두어 기재되어 있다.

2) 거래업자를 통한 신용조사

수출상이 장기간 거래관계에 있는 거래선이나 대리점을 통하여 신용조사를 의뢰하는 것을 말한다. 이에 따라 수출상은 거래선의 영업현황, 일반적 평가 및 경영자의 인격, 능력, 재산상태, 신용정도 등을 파악할 수 있다. 그러나 변동하는 경영환경에 비하여 항상 정확하다는 평가라고는 할 수 없으므로 때에 따라 신중을 기해야 할 것이다.

3) 신용조사회사를 통한 신용조사

은행이나 거래업자 등을 통한 신용조사는 일방적인 보고형식이어서 정확하지는 않다고 볼 수 있다. 따라서 거래선에 대한 상세한 조사는 신용조사회사에 의뢰할 수 있다. 그러나 조사비가 많이 들기 때문에 은행을 통한 신용조사가 일반적이다. 그 외에도 상공회의소와 수출보험공사 등을 통한 신용조사도 있다. 여기서는 간단한 신용조사에다가 저렴한 수수료를 지급하고, 상담할 수 있는 장점이 있다. 해외출장이나 해외지점 및 지사를 통하여 조사할 수도 있다.

거래선의 신용상태는 내부적 요인이나 외부적 요인에 의해 변화될 가능성이 많기 때문에 단순히 문서상의 신용조사라는 한계가 있기 때문에 과신할 수 없다.

리스크관리적인 측면에서 볼 때 이러한 신용리스크는 투기적 리스크이므로 일정한 조짐이나 징조를 수반하는 경우가 많다. 따라서 항상 경계를 늦추지 않고 거래선의 실태를 파악하는 길만이 거래선과의 신용리스크를 피하는 길이다. 다시 말해 거래선에 대한 정보망을 구축하고 정보수집을 꾸준히 하여 수집된 정보를 분석함으로써 신용리스크를 격감시킬 수 있을 것이다. 구체적으로 거래선의 신용은 다음과 같은 내용으로 판단할 수 있을 것이다.

(4) 신용조사에서 주의할 만한 내용

- 수입상이 보내온 무역서신에 연락처나 전화번호가 확실한가를 확인해야 한다. 전화국공용팩스를 사서함 형태로 공동으로 사용하는 경우가 있기 때문이다. 신규거래임에도 대량으로 구매하려거나 또는 신용도가 높은 유명은행의 신용장을 개설하거나, 선송금(先送金)방식 등의 유리한 결제조건을 내세우는 수입상도 조심해야 한다.

- 대금결제조건으로 제시하는 수표는 지급보장이 확정되지 않았기 때문에 수입상의 신용상태가 확실한 경우가 아니면 인수하지 않아야 한다. 특히 해외 사기단들이 수표소지자들과 공모하여 대금을 수표로 입금한 후에 분실 또는 도난당한 것으로 신고할 경우에 수출상은 수령한 대금 전액을 상환하여야 한다.

- 비정상적인 상거래제의는 거절하여야 한다. 비자금의 국외반출협조, 대규모 국제입찰 또는 수의계약납품 등의 조건을 내세우는 경우가 있다. 이는 전형적인 사기수법이므로 처음부터 상대하지 말아야 한다.

- 과거 프랑스 식민지국가로부터 발송된 영문서류도 리스크가 크다. 이들 국가에서는 프랑스어가 공용어로 되어 있으며 관공서의 서류는 모두 프랑스어로 되어 있다. 그런데도 영문으로 된 서류가 통지될 경우에는 사기단에 의한 것일 가능성이 많다.

- 샘플이나 선적서류를 사전에 송부할 것을 요구하는 경우에도 응하지 말아야 한다. 특히 사기단들은 자국의 은행법을 근거로 들어 재촉하는 경우가 있다. 수입상이 자국은행의 신용장이 아닌 나라의 은행에서 신용장을 개설하였을 경우도 확인해야 한다.

- 개도국의 밀입국자들이 수입상으로 위장하여 입국하는 경우가 있다. 불법취업자를 무역거래관계자로 위장하여 입국하는 경우가 많았기 때문이다. 업체명의로 초청장이나 보증서를 요청하는 경우가 이에 해당하므로 의심할 수 있다.
- 현지중개인들에게 과도하게 의존하다가 피해를 입는 경우도 많다. 확실한 대금결제를 보장받지 않으면 미리 생산하지 않아야 한다.
- D/A, D/P 조건, 사후송금결제조건은 수입상과의 신용이 축적된 경우에 결정하여야 한다. 수입상이 한두 차례 정상적인 결제를 한 뒤에 곧바로 현지시장상황 등을 들어 신용거래를 요청하는 경우도 있으니 잘 판단해야 한다. 부득이 할 경우에는 수입상에 대해 더욱 철저한 신용조사를 하든가 수출보험에 부보(付保)하는 등, 대금을 회수하지 못할 리스크에 대비하여야 한다.
- 후진국의 소규모 은행들은 은행원들이 수입상과 결탁하여 선적서류의 하자를 이유로 대금결제를 거부할 수 있도록 하는 경우가 있다. 특히 아프리카나 중남미의 지명도가 낮은 은행으로 신용장이 개설되는 경우가 많다.
- 무역사기 사건이 많이 발생하는 지역에서 개설된 신용장은 치밀하게 검토하여야 한다. 수입한 뒤에 시장상황이 좋지 않을 경우에는 사소한 서류상의 하자를 이유로 대금결제를 거부하는 경우가 있다. 선적전에 신용장조건상의 하자를 철저히 검토하여 문제가 될 조항은 미리 수정을 요청하여야 한다.
- 고정거래선과의 거래도 유지하면서, 해외마케팅활동을 적극적으로 하여 수출대상국을 확대하는 동시에 거래선을 많이 확보하여 리스크를 분산시킬 수 있다.

(5) 수출시장상황조사 및 방법

수출기업은 수출입규제나 관세의 동향, 시장의 개방성 등의 수출입대상국가를 둘러싼 시장상황에 주의를 집중하여야 한다. 구체적으로는 어떠한 상품이 있는가, 품질이나 가격, 거래조건 등이 어떠한가, 업자들의 성향은 어떤가, 경쟁상태, 판매나 판매촉진정책, 유통경로, A/S 등의 상황에 대해서 조사할 필요가 있는 것이다. 이러한 시장조사는 탁상조사로서 통계나 문헌자료를 조사하고, 그 후에 실제시장의 현황을 분석하는 것이 바람직하다. 시장조사를 상세히 행한 업자는 어떠한 내용의, 어떠한 기업이 있는가를 자연스럽게 알 수 있게 될 것이다. 그 결과 적절한 거래선을 발견하는 것이 용이하게 될 것이다.

시장조사방법으로서 시장의 규모, 인구, 국민소득, 국제수지, 수출입규제나 수출입실적, 수입국의 세금 등의 지표를 파악하여 가능성이 있는 시장을 설정하는 예비심사를 행한다. 특정 시장에 대해서는 상세한 항목에 대해서 탁상조사를 행하는 예비조사를 한다. 더하여 해외현지를 방문하여 자사(自社)의 해외마케팅 전략결정에 관련하여 상세한 조사를 행하는 본조사를 실시한다. 마지막으로 목표시장에 대한 해외마케팅계획으로 진출하는 경우, 상황의 변화에 따라 궤도수정을 하는 등의 추적조사를 한다.

1. 영문독촉장의 기본 컨셉

(1) Present the situation(현재 상태 제시)

　　Subject(건명)

　　Invoice Number

　　Invoice Amount(청구금액)

　　Due Date(지불기일)

(2) Make a Proposal(제안)

　　Request for the payment(지불요청)

　　Addressing the matter(문제언급)

　　Reference to your calls, attached documentation

　　(전화나 첨부서류 참조)

(3) Provide motivation for the debtor(채무자에 지불해야 하는 동기 부여)

　　Credit line(여신한도액)

　　Future Order(앞으로의 주문 및 발주)

　　Next step of action(다음 수단)

(4) Action(행동)

　　Action deadline(행동기한)

　　Payment method(지불방법)

2. Accounts Receivable Verification Notice(외상매출금 확인통지서)

Month/Day/Year

Contact Person

Title

Company Name

Fax Number/ Address

Subject:

Invoice Number:

Invoice Amount:

Due Date:

Dear Contact Person:

Would you please check the details against your records about the above account? Attached is the copy of the invoice.

Kindly complete the attached form and return it by fax within ten business days from today.

Our fax number:

Sincerely,

Name

Title

Company Name

---

3. 미입금 통지(Reminder)

Month/Day/Year

Contact Person

Title

Company Name

Fax Number/ Address

Subject: **Late Account**

Invoice Number:

Invoice Amount:

Due Date:

Dear Contact Person:

We wish to advise you that we have not received your payment about the above account. Would you please check the details against your records about this? Attached is the copy of the invoice.

Kindly complete the attached form and return it by fax within ten business days from today. Please advise us the date of your remittance even if you have already paid.

Our fax number:

Sincerely,

Name

Title

Company Name

4. 1차 독촉장(First Demand Letter, 30 Days Slow)

Month/Day/Year

Contact Person, Title

Company Name

Fax Number/ Address

Subject: Overdue Account Notice

Invoice Number:

Invoice Amount:

Due Date:

Dear Contact Person:

You were recently advised that the above account has not been paid. We ask that you remit the full amount via telegraphic transfer to our bank account within ten business days.

Our Bank Information:

If there is a problem or a reason justifying the nonpayment of this account, please explain it on the attached sheet, so that we can find a solution.

Kindly complete the attached form and return it by fax within five business days from today. Please advise us the date of your remittance even if you have already paid.

Our fax number:

Sincerely,

Name

Title

Company Name

5. 2차 독촉장(Second Demand Letter, 60 Days Slow)

Month/Day/Year

Contact Person, Title

Company Name

Fax Number/ Address

Subject: **Second Overdue Account Notice**

Invoice Number:

Invoice Amount:

Due Date:

Dear Contact Person:

Your payment for the above account has been past—due for 60 days. We ask that you remit the full amount via telegraphic transfer to our bank account within five business days.

Our Bank Information:

To prevent further delays for the next shipments, your remittance within five business days is highly requested. We are honored to count you among our distinguished customers and we hope that the excellent relations between our companies will remain.

Kindly complete the attached form and return it by fax within today. Our fax number is 000—000

Sincerely,

Name

Title

Company Name

6. 최종통보(Final Demand Letter, 75 Days Slow)

Month/Day/Year

Contact Person, Title

Company Name

Fax Number/ Address

Subject: FINAL NOTICE

Invoice Number:

Invoice Amount:

Due Date:

Dear Contact Person:

Your payment for the above account has been past−due for 75 days.

Unless you remit the full amount via telegraphic transfer to our bank account within TODAY, we will have no other alternative than to pursue further collection measures.

Our Bank Information:

Please complete the attached form and return it by fax within today. Our fax number is 000−0000

Sincerely,

Name

Title

Company Name

부록1 Uniform Customs and Practice for Documentary Credits(2007)

[Article 1] Application of UCP :

The Uniform Customs and Practice for Documentary Credits, 2007 Revision, ICC. Publication no. 600 ("UCP") are rules that apply to any documentary credit ("credit") (including, to the extent to which they may be applicable, any standby letter of credit) when the text of the credit expressly indicates that it is subject to these rules. They are binding on all parties thereto unless expressly modified or excluded by the credit.

[Article 2] Definitions

For the purpose of these rules:

Advising bank means the bank that advises the credit at the request of the issuing bank.

Applicant means the party on whose request the credit is issued.

Banking day means a day on which a bank is regularly open at the place at which an act subject to these rules is to be performed.

Beneficiary means the party in whose favour a credit is issued.

Complying presentation means a presentation that is in accordance with the terms and conditions of the credit, the applicable provisions of these rules and international standard banking practice.

Confirmation means a definite undertaking of the confirming bank, in addition to that of the issuing bank, to honour or negotiate a complying presentation.

Confirming bank means the bank that adds its confirmation to a credit upon the issuing banks authorization or request.

Credit means any arrangement, however named or described, that is irrevocable and thereby constitutes a definite undertaking of the issuing bank to honour a complying presentation.

Honour means:

a. to pay at sight if the credit is available by sight payment.

b. to incur a deferred payment undertaking and pay at maturity if the credit is available by deferred payment.

c. to accept a bill of exchange ("draft") drawn by the beneficiary and pay at maturity if the credit is available by acceptance.

Issuing bank means the bank that issues a credit at the request of an applicant or on its own behalf.

부록1 화환신용장통일규칙 및 관례(2007)

제1조 신용장통일규칙의 적용범위

화환신용장에 관한 통일규칙 2007년 개정 ICC 출판번호 600(이하 UCP 600이라 함)은 화환신용장(이하 신용장이라 함)에 적용되는 규칙이다(이 화환신용장통일규칙은 적용될 수 있는 범위까지 보증신용장(Standing Letter of Credit)에도 적용된다).

신용장 내용에 그 신용장이 이 통일규칙에 의한다고 분명히 명시되어 있을 때는 신용장에서 분명히 변경되거나 제외되지 않는 한 모든 당사자를 구속한다.

제2조 정의

이 규칙에서 아래의 용어는 다음과 같이 정의한다.

통지은행(Advising Bank)은 발행은행의 요청에 따라서 신용장을 통지하는 은행을 의미한다.

발행의뢰인(Applicant)은 신용장이 발행되도록 요청하는 당사자를 의미한다.

은행영업일(Banking Day)은 이 규칙에 의거하여 행위가 이루어지는 장소에서 은행이 일상적으로 개점되어 있는 날을 의미한다.

수익자(Beneficiary)는 자기 앞으로 신용장이 개설되는 당사자를 의미한다.

일치하는 제시(Complying Presentation)는 신용장의 일반거래조건, 이 규칙의 적용가능한 조항, 국제표준 은행관행에 일치하게 제시되는 것을 의미한다.

확인(Confirmation)은 발행은행의 확약에 추가하여 일치된 서류를 지급하거나 매입하겠다는 확인은행의 확약을 의미한다.

확인은행(Confirming Bank)은 은행의 수권이나 요청에 의해서 신용장에 확인을 추가하는 은행을 의미한다.

신용장(Credit)은 그 명칭에 불문하고 취소불능적이고 발행은행이 일치된 제시서류에 대해서 지급하겠다는 분명히 확약하는 약정을 의미한다.

결제(Honour)는 다음과 같은 내용을 의미한다.

 a. 신용장이 일람지급에 의하여 이용가능하다면 일람출급으로 지급하는 것.
 b. 신용장이 연지급에 의하여 이용가능하다면 연지급을 확약하고 만기에 지급하는 것.
 c. 신용장이 인수에 의하여 이용가능하다면 수익자가 발행한 환어음을 인수하고 만기에 지급하는 것.

발행은행(Issuing Bank)은 발행의뢰인의 요청이나 자신을 위해서 신용장을 발행하는 은행을 의미한다.

Negotiation means the purchase by the nominated bank of drafts (drawn on a bank other than the nominated bank) and/or documents under a complying presentation, by either advancing or agreeing to advance funds to the beneficiary on or before the banking day on which reimbursement is due to the nominated bank.

Nominated bank means the bank with which the credit is available or, any bank in the case of a credit available with any bank.

Presentation means either the act of delivering documents under a credit to the issuing bank or nominated bank or the documents so delivered.

Presenter means a beneficiary, bank or other party that makes a presentation.

[Article 3] Interpretations

For the purpose of these rules:

Where applicable, words in the singular include the plural and in the plural include the singular.

A credit is irrevocable even if there is no indication to that effect.

A document may be signed by handwriting, facsimile signature, perforated signature, stamp, symbol or any other mechanical or electronic method of authentication.

A requirement for a document to be legalized, visaed or certified will be satisfied by any signature, mark, stamp or label on the document which appears to satisfy that requirement.

Branches of a bank in different countries are considered to be separate banks. Terms such as "first class", "well known" "qualified", "independent", "official", "competent" or "local" used to describe the issuer of a document allow any issuer except the beneficiary to issue that document.

Unless required to be used in a document, words such as "prompt", "mmediately" or "as soon as possible" will be disregarded.

The expression "on or about" or similar will be interpreted as a stipulation that an event is to occur during a period five calendar days before until five calendar days after the specified date, both start and end dates included.

The words "to", "until", "till", "from" and "between" when used to determine a period of shipment include the date or dates mentioned, and the words before and "after" exclude the date mentioned.

The words "from" and "after" when used to determine a maturity date exclude the date mentioned.

The terms "first half" and "second half" of a month shall be construed respectively as the 1st to the 15th, and the 16th to the last day of the month, all dates inclusive. The terms "beginning", "middle" and "end" of a month shall be construed respectively as the 1st to the 10th, the 11th to the 20th and the 21st to the last day of the month, all dates inclusive.

매입(Negotiation)은 지정은행이 그 지정은행 외의 은행 앞으로 발행된 어음과 일치된 제시서류를 수익자에게 그 지정은행으로 대금상환이 이루어지는 은행영업일 이전에 선지급을 하거나 자금을 선지급 할 것을 동의함으로서 매입하는 것을 의미한다.

지정은행(Nominated Bank)은 그 신용장을 이용할 수 있는 은행이나 자유사용신용장의 경우에는 모든 은행을 의미한다.

제시(Presentation)는 발행은행이나 지정은행에 신용장상의 서류를 인도하는 행위 또는 그렇게 인도된 서류를 의미한다.

제시자(Presenter)는 수익자, 은행 또는 제시하는 또 다른 당사자를 의미한다.

제3조 해석

이 규칙의 목적 하에서 사용된 단어의 해석기준은 다음과 같다.

적용가능한 경우 단수의 단어들은 복수를 포함하고 복수 단어들은 단수를 포함한다.

신용장은 그 효력에 아무런 명시가 없는 한 취소불능적이다.

서류는 수기서명, 팩스밀리 서명, 천공서명, 스탬프, 기호 또는 기계적, 전자적 수권방법에 의하여 서명될 수 있다.

서류에 인증, 인가 또는 확인의 요청은 그 요건을 충족시키도록 표시된 서류상에 서명, 마크, 스탬프 라벨에 의해서 충족된다.

한 은행의 다른 나라에 있는 지점은 별도의 은행으로 본다.

일류의(first class), 저명한(well known), 자격 있는(qualified), 독립적인(independent), 공적인(official), 경쟁력 있는(competent) 또는 현지의(local) 등의 용어는 서류의 발행자가 그 서류를 발행하는 수익자 외의 발행자를 허용할 경우에 사용된다.

서류상에 사용되도록 요청되지 않는 한, 즉시(prompt), 조만간(immediately), 가능한 빨리(as soon as possible)와 같은 단어는 무시한다.

정도(on or about) 또는 유사한 표현은 어느 사실이 월력상 특정일 전 5일부터 후 5일까지로서 초일과 말일을 포함하는 기간 동안에 발생하는 것이다.

선적기간을 결정할 때 "to" "untill" "till" "from" "before"와 "between" "단어는 명시된 날자(를)을 포함하고, "before"와 "after" 단어는 명시된 날자(들)을 제외한다.

한 달의 "전반기"(first half) "후반기"(second half) 등의 용어는 각각 그 달의 1일부터 15일까지 그리고 16일부터 말일까지 모든 일자를 포함하는 것으로 된다.

한 달의 "초순"(beginning), "중순"(middle), "하순"(end)의 용어는 그 달의 1일부터 10일까지 11일부터 20일까지, 그리고 21일부터 말일까지 모든 일자를 포함하는 것으로 된다.

[Article 4] Credits v. Contracts

a. A credit by its nature is a separate transaction from the sale or other contract on which it may be based. Banks are in no way concerned with or bound by such contract, even if any reference whatsoever to it is included in the credit. Consequently, the undertaking of a bank to honour, to negotiate or to fulfil any other obligation under the credit is not subject to claims or defences by the applicant resulting from its relationships with the issuing bank or the beneficiary. A beneficiary can in no case avail itself of the contractual relationships existing between banks or between the applicant and the issuing bank.

b. An issuing bank should discourage any attempt by the applicant to include, as an integral part of the credit, copies of the underlying contract, proforma invoice and the like.

[Article 5] Documents v. Goods, Services or Performance

Banks deal with documents and not with goods, services or performance to which the documents may relate.

[Article 6] Availability, Expiry Date and Place for Presentation

a. A credit must state the bank with which it is available or whether it is available with any bank. A credit available with a nominated bank is also available with the issuing bank.

b. A credit must state whether it is available by sight payment, deferred payment, acceptance or negotiation.

c. A credit must not be issued available by a draft drawn on the applicant.

d. i . A credit must stipulate an expiry date for presentation. An expiry date stipulated for honour or negotiation will be deemed to be an expiry date for presentation.

ii . The place of the bank with which the credit is available is the place for presentation. The place for presentation under a credit available with any bank is that of any bank. A place for presentation other than that of the issuing bank is in addition to the place of the issuing bank.

e. Except as provided in sub-article 29 (a), a presentation by or on behalf of the beneficiary must be made on or before the expiry date.

[Article 7] Issuing Bank Undertaking

a. Provided that the stipulated documents are presented to the nominated bank or to the issuing bank and that they constitute a complying presentation, the issuing bank must honour, if the credit is available by:

제4조 신용장과 원인계약

a. 신용장은 그 성질상 그 근거를 두고 있는 매매계약 또는 기타 계약과 독립된 거래이다. 은행은 신용장에 그러한 계약이 포함된 사항을 언급하였더라도 그러한 계약과는 아무런 관계가 없으며 또한 구속되지 않는다.

따라서 신용장에 의하여 은행이 하는 지급, 매입 또는 어느 의무의 이행 확약은 발행은행이나 수익자와의 관계에서 일어난 발행의뢰인의 클레임이나 항변에 구속받지 않는다. 수익자는 어떠한 경우에도 은행 상호간 또는 발행의뢰인과 발행은행간의 계약관계를 원용할 수 없다.

b. 발행은행은 개설의뢰인에 의하여 신용장의 일부로서 주요 계약의 사본이나 견적송장 또는 그와 같은 것을 포함시키려는 의도를 저지해야 한다.

제5조 서류와 물품, 서비스 또는 의무이행

은행은 서류를 취급하는 것이고 그 서류와 관련된 상품, 서비스 또는 의무이행을 취급하는 것이 아니다.

제6조 이용가능성, 유효기일 그리고 제시장소

a. 신용장은 그 신용장이 사용될 수 있는 은행이나 그 신용장이 어떤 은행에서도 사용될 수 있는지를 명시해야 한다.

지정은행에서 사용될 수 있는 신용장은 발행은행에서도 역시 사용될 수 있다.

b. 신용장은 그것이 일람지급, 연지급, 인수 또는 매입 중에 어느 것으로 사용가능한지를 명시해야 한다.

c. 신용장은 발행의뢰인 앞으로 발행된 어음에 의해서 사용될 수 있도록 발행되어서는 안 된다.

d. ⅰ. 신용장은 서류제시를 위한 유효기일을 규정하여야 한다. 지급 또는 매입을 위하여 규정된 유효기일은 서류제시를 위한 유효기일로 간주된다.

ⅱ. 신용장이 사용될 수 있는 은행이라는 장소는 서류제시를 위한 장소이다. 어떤 은행에서도 사용될 수 있는 신용장의 제시장소는 모든 은행이다. 발행은행 외의 서류제시 장소는 발행은행이라는 장소에 추가적인 것이다.

e. 제29조(a)의 경우를 제외하고는 수익자에 의한 또는 대신하여 행한 서류제시는 유효기일 또는 그 이전에 이루어져야 한다.

제7조 개설은행의 의무

a. 명시된 서류가 지정은행이나 발행은행에 제시되고 그 서류가 조건에 일치된 서류일 경우에 신용장이 다음과 같이 사용될 수 있다면 발행은행은 지급해야 한다.

i . sight payment, deferred payment or acceptance with the issuing bank;

ii . sight payment with a nominated bank and the nominated bank does not pay;

iii. deferred payment with a nominated bank and the nominated bank does not incur its deferred payment undertaking or, having incurred its deferred payment undertaking, does not pay at maturity;

iv. acceptance with a nominated bank and the nominated bank does not accept a draft drawn on it or, having accepted a draft drawn on it, does not pay at maturity;

v . negotiation with a nominated bank and that nominated bank does not negotiate.

b. An issuing bank is irrevocably bound to honour as of the time it issues the credit.

c. An issuing bank undertakes to reimburse a nominated bank that has honoured or negotiated a complying presentation and forwarded the documents to the issuing bank. Reimbursement for the amount of the presentation under a credit available by acceptance or deferred payment is due at maturity, whether or not the nominated bank prepaid or purchased before maturity. An issuing bank's undertaking to reimburse a nominated bank is independent of the issuing banks undertaking to the beneficiary.

[Article 8] Confirming Bank Undertaking

a. Provided that the stipulated documents are presented to the confirming bank or to any other nominated bank and that they constitute a complying presentation, the confirming bank must:

i. honour, if the credit is available by

a) sight payment, deferred payment or acceptance with the confirming bank;

b) sight payment with another nominated bank and that nominated bank does not pay;

c) deferred payment with another nominated bank and that nominated bank does not incur its deferred payment undertaking or, having incurred its deferred payment undertaking, does not pay at maturity;

d) acceptance with another nominated bank and that nominated bank does not accept a draft drawn on it or, having accepted a draft drawn on it, does not pay at maturity;

e) negotiation with another nominated bank and that nominated bank does not negotiate.

ii. negotiate, without recourse, if the credit is available by negotiation with the confirming bank.

ⅰ. 발행은행에 의하여 일람지급, 연지급, 또는 인수되어야 하는 경우
ⅱ. 지정은행에 의하여 일람지급 되어야 하는데 그 지정은행이 지급하지 아니할 경우
ⅲ. 지정은행에 의하여 연지급 되어야 하는데 그 지정은행이 연지급확약서를 발급하지 아니하거나 연지급확약서를 발급하였으나 만기일에 지급하지 아니할 경우
ⅳ. 지정은행에 의하여 인수되어야 하는데 그 지정은행이 자기앞으로 발행된 어음을 인수하지 않거나 자기앞으로 발행된 어음을 인수하였으나 만기일에 지급하지 아니할 경우
ⅴ. 지정은행에서 매입되어야 하는데 그 지정은행이 매입하지 아니한 경우
b. 발행은행은 신용장을 개설할 때에 취소불능적으로 지급할 책임에 구속된다.
c. 발행은행은 일치된 서류를 지급하였거나 매입하여 그 서류를 발행은행에 송부한 지정은행에 상환할 것을 확약한다. 인수나 연지급 방식으로 사용되는 신용장에서 제시된 금액에 대한 상환은, 지정은행이 만기일전에 지급하였거나 매입하였는지에 불문하고, 만기일에 이루어진다. 발행은행의 지정은행에 대한 상환확약은 발행은행의 수익자에 대한 확약과는 독립적이다.

제8조 확인은행의 의무

a. 명시된 서류가 확인은행이나 다른 지정은행에 제시되고 그 제시된 서류가 조건에 일치된 서류일 때 확인은행은 다음과 같이 하지 않으면 안 된다.
  ⅰ. 신용장이 다음과 같이 사용된다면 지급해야 한다.
    a) 확인은행에 일람지급, 연지급, 인수된 때
    b) 또 다른 지정은행에 일람지급으로 사용되어야 하는데 그 지정은행이 지급하지 아니한 때
    c) 또 다른 지정은행이 연지급해야 하는데 그 지정은행이 연지급확약서를 발급하지 않거나, 그 은행의 연지급확약서를 발행하였으나 만기일에 지급하지 아니한 때
    d) 또 다른 지정은행이 인수하여야 하는데 그 지정은행이 자기앞으로 발행된 어음을 인수하지 않거나 또는 어음은 인수하였으나 만기일에 지급하지 아니한 때
    e) 또 다른 지정은행에서 매입되어야 하는데 그 지정은행이 매입하지 아니한 때
  ⅱ. 만약에 신용장이 확인은행에 매입함으로써 사용될 수 있는 경우에는 확인은행이 상환청구 없이 매입해야 한다.

b. A confirming bank is irrevocably bound to honour or negotiate as of the time it adds its confirmation to the credit.

c. A confirming bank undertakes to reimburse another nominated bank that has honoured or negotiated a complying presentation and forwarded the documents to the confirming bank. Reimbursement for the amount of the presentation under a credit available by acceptance or deferred payment is due at maturity, whether or not another nominated bank prepaid or purchased before maturity. A confirming bank's undertaking to reimburse another nominated bank is independent of the confirming banks undertaking to the beneficiary.

d. If a bank is authorized or requested by the issuing bank to confirm a credit but is not prepared to do so, it must inform the issuing bank without delay and may advise the credit without confirmation.

[Article 9] Advising of Credits and Amendments

a. A credit and any amendment may be advised to a beneficiary through an advising bank. An advising bank that is not a confirming bank advises the credit and any amendment without any undertaking to honour or negotiate.

b. By advising the credit or amendment, the advising bank signifies that it has satisfied itself as to the apparent authenticity of the credit or amendment and that the advice accurately reflects the terms and conditions of the credit or amendment received.

c. An advising bank may utilize the services of another bank ("second advising bank") to advise the credit and any amendment to the beneficiary. By advising the credit or amendment, the second advising bank signifies that it has satisfied itself as to the apparent authenticity of the advice it has received and that the advice accurately reflects the terms and conditions of the credit or amendment received.

d. A bank utilizing the services of an advising bank or second advising bank to advise a credit must use the same bank to advise any amendment thereto.

e. If a bank is requested to advise a credit or amendment but elects not to do so, it must so inform, without delay, the bank from which the credit, amendment or advice has been received.

f. If a bank is requested to advise a credit or amendment but cannot satisfy itself as to the apparent authenticity of the credit or amendment or advice, it must so inform, without delay, the bank from which the instructions appear to have been received. If the advising bank or second advising bank elects nonetheless to advise the credit or amendment, it must inform the beneficiary or second advising bank that it has not been able to satisfy itself as to the apparent authenticity of the credit or amendment or advice.

b. 확인은행은 신용장에 그 확인을 추가하는 때에는 취소불능적으로 지급하거나 매입하도록 구속된다.

c. 확인은행은 일치된 서류를 지급하거나 매입한 후 그 서류를 확인은행에 송부한 또 다른 지정은행에게 상환할 것을 확약한다. 인수나 연지급으로 사용될 수 있는 신용장에서 제시금액에 대한 상환은, 지정은행이 만기일 전에 선지급을 하였거나 매입된 것에 상관없이 만기일에 이루어진다. 또 다른 지정은행에 상환해야 할 확인은행의 확약은 확인은행의 수익자에 대한 확약과는 독립적이다.

제9조 신용장 및 이에 대한 조건변경의 통지

a. 신용장과 어떠한 조건변경은 통지은행을 통하여 수익자에게 통지될 수 있다. 확인은행이 아닌 통지은행은 지급이나 매입할 어떠한 확약 없이 신용장을 통지한다.

b. 신용장이나 조건변경을 통지함으로써 통지은행은 신용장이나 조건변경의 외관상 진정성에 만족한다는 것을 증명하며 그 통지는 정확히 신용장이나 수령한 조건변경의 거래조건에 영향을 미친다.

c. 통지은행은 신용장이나 어느 조건변경을 수익자에게 통지하기 위하여 또 다른 은행(제2통지은행)을 이용할 수 있다. 제2통지은행은 신용장이나 조건변경을 통지함으로써 그가 받은 통지의 외관상 진정성에 만족한다는 것을 증명하는 것이며, 그 통지는 정확히 신용장이나 수령한 조건변경의 거래조건에 영향을 미친다.

d. 신용장을 통지하기 위하여 개설은행이나 제2통지은행의 서비스를 이용하는 통지은행은 그에 관한 어느 조건변경을 통지하기 위하여 동일한 은행을 사용해야 한다.

e. 만약에 어느 은행이 신용장이나 조건변경을 통지하도록 요구받았으나 그렇게 하지 못한다면 그 은행은 지체없이 그 신용장이나 조건변경 또는 통지를 송부한 은행에 그 사실을 통지해야 한다.

f. 만약에 어느 은행이 신용장이나 조건변경을 통지하도록 요청받고 그 신용장이나 조건변경 또는 통지에 대한 외관상 진정성에 만족할 수 없다면, 그 은행은 지체 없이 그 지시서가 송부된 은행에 그 사실을 통지해야 한다.

그럼에도 불구하고 그 통지은행이나 제2통지은행이 신용장이나 조건변경을 통지해야 한다면 그 은행은 수익자나 제2통지은행에게 신용장이나 조건변경 또는 통지의 외관상 진정성에 만족할 수 없다는 것을 통지해야 한다.

[Article 10] Amendments

a. Except as otherwise provided by article 38, a credit can neither be amended nor cancelled without the agreement of the issuing bank, the confirming bank, if any, and the beneficiary.

b. An issuing bank is irrevocably bound by an amendment as of the time it issues the amendment. A confirming bank may extend its confirmation to an amendment and will be irrevocably bound as of the time it advises the amendment. A confirming bank may, however, choose to advise an amendment without extending its confirmation and, if so, it must inform the issuing bank without delay and inform the beneficiary in its advice.

c. The terms and conditions of the original credit (or a credit incorporating previously accepted amendments) will remain in force for the beneficiary until the beneficiary communicates its acceptance of the amendment to the bank that advised such amendment. The beneficiary should give notification of acceptance or rejection of an amendment. If the beneficiary fails to give such notification, a presentation that complies with the credit and to any not yet accepted amendment will be deemed to be notification of acceptance by the beneficiary of such amendment. As of that moment the credit will be amended.

d. A bank that advises an amendment must inform the bank from which it received the amendment of any notification of acceptance or rejection.

e. Partial acceptance of an amendment is not allowed and will be deemed to be rejection of the amendment.

f. A provision in an amendment to the effect that the amendment shall enter into force unless rejected by the beneficiary within a certain time shall be disregarded.

[Article 11] Teletransmitted and Pre-Advised Credits and Amendments

a. An authenticated teletransmission of a credit or amendment will be deemed to be the operative credit or amendment, and any subsequent mail confirmation shall be disregarded.

   If a teletransmission states "full details to follow" (or words of similar effect), or states that the mail confirmation is to be the operative credit or amendment, then the teletransmission will not be deemed to be the operative credit or amendment. The issuing bank must then issue the operative credit or amendment without delay, in terms net inconsistent with the teletransmission.

b. A preliminary advice of the issuance of a credit or amendment (pre-advice) shall only be sent if the issuing bank is prepared to issue the operative credit or amendment. An issuing bank that sends a pre-advice is irrevocably committed to issue the operative credit or amendment, without delay, in terms not inconsistent with the pre-advice.

제10조 조건변경

a. 제38조에 의하여 달리 규정된 것을 제외하고는 신용장은 발행은행, 확인은행 (확인은행이 있을 경우) 그리고 수익자의 동의 없이는 수정되거나 취소될 수 없다.

b. 발행은행은 그가 조건변경을 할 때에 조건변경에 취소불능적으로 구속된다. 확인은행은 조건변경에까지 그 확인을 확장시킬 수 있고, 그가 그 조건변경을 통지할 때에 취소불능적으로 구속된다. 그러나 확인은행이 그 확인을 확장하지 않고 조건변경을 통지하기로 결정할 수도 있다. 그리고 그렇게 한다면 확인은행은 지체 없이 발행은행에게 통지해야 하며 그 통지서로 수익자에게도 통지해야 한다.

c. 원 신용장(또는 사전에 수락된 조건변경이 포함된 신용장)의 거래조건은 수익자가 그러한 조건변경을 통지한 은행에게, 조건변경의 수락을 통지할 때까지 수익자에게 유효하다. 만약에 수익자가 그러한 통지를 하지 못한다면 조건변경의 수락이나 거절통지를 해야 한다.
신용장조건과 아직 수락되지 아니한 조건에 일치한 서류제시는 수익자에 의하여 그 신용장이 조건변경될 때에 그러한 조건변경에 수락통지가 있는 것으로 간주한다.

d. 조건변경을 통지한 은행은 그 조건변경을 송부한 은행에게 수락이나 거절의 통지를 해야 한다.

e. 조건변경의 일부 수락은 허용되지 않으며, 조건변경의 거절로 간주한다. 조건변경을 통지한 은행은 그 조건변경을 송부한 은행에게 그러한 사실을 통지해야 한다.

f. 조건변경이 수익자에 의하여 거절되지 않는 한 어느 기간 동안 효력이 있다는 문언을 포함하고 있는 조건변경 조항은 무시된다.

제11조 전신과 사전 통지된 신용장 및 그 조건변경

a. 신용장이나 조건변경의 검증된 전문은 유효한 신용장 또는 조건변경서로 간주된다. 그리고 그 후의 보내진 어떠한 우편확인서도 무시된다.
만약에 어느 전문이 "상세한 사항은 추후 통지됨(혹은 그와 유사한 문언)"이라고 명시하거나 또는 우편확인서가 유효한 신용장 또는 조건변경서라고 기술되어 있으면 그 전문은 유효한 전문이나 또는 조건변경서로 간주되지 않는다. 발행은행은 지체 없이 그 전문과 불일치하지 않는 조건으로 그 전문과 불일치하지 않는 조건으로 유효한 신용장 또는 조건변경서를 발행해야 한다.

b. 신용장이나 조건변경의 예비통지(이하 예비통지라고 함)는 개설은행이 유효한 신용장 또는 조건변경을 발행할 준비가 되어 있을 경우에만 송부된다. 예비통지를 발송한 발행은행은 지체 없이 예비통지와 모순되지 아니한 조건으로 유효한 신용장이나 조건변경을 취소불능적으로 발행해야 한다.

[Article 12] Nomination

a. Unless a nominated bank is the confirming bank, an authorization to honour or negotiate does not impose any obligation on that nominated bank to honour or negotiate, except when expressly agreed to by that nominated bank and so communicated to the beneficiary.

b. By nominating a bank to accept a draft or incur a deferred payment undertaking, an issuing bank authorizes that nominated bank to prepay or purchase a draft accepted or a deferred payment undertaking incurred by that nominated bank.

c. Receipt or examination and forwarding of documents by a nominated bank that is not a confirming bank does not make that nominated bank liable to honour or negotiate, nor does it constitute honour or negotiation.

[Article 13] Bank-to-Bank Reimbursement Arrangements

a. If a credit states that reimbursement is to be obtained by a nominated bank ("claiming bank") claiming on another party ("reimbursing bank"), the credit must state if the reimbursement is subject to the ICC rules for bank-to-bank reimbursements in effect on the date of issuance of the credit.

b. If a credit does not state that reimbursement is subject to the ICC rules for bank-to-bank reimbursements, the following apply:

 i . An issuing bank must provide a reimbursing bank with a reimbursement authorization that conforms with the availability stated in the credit. The reimbursement authorization should not be subject to an expiry date.

 ii . A claiming bank shall not be required to supply a reimbursing bank with a certificate of compliance with the terms and conditions of the credit. 345

 iii. An issuing bank will be responsible for any loss of interest, together with any expenses incurred, if reimbursement is not provided on first demand by a reimbursing bank in accordance with the terms and conditions of the credit.

 iv. A reimbursing bank's charges are for the account of the issuing bank. However, if the charges are for the account of the beneficiary, it is the responsibility of an issuing bank to so indicate in the credit and in the reimbursement authorization. If a reimbursing bank's charges are for the account of the beneficiary, they shall be deducted from the amount due to a claiming bank when reimbursement is made. If no reimbursement is made, the reimbursing bank's charges remain the obligation of the issuing bank.

c. An issuing bank is not relieved from any of its obligations to provide reimbursement if reimbursement is not made by a reimbursing bank on first demand.

제12조 지정

a. 지정은행이 확인은행이 아닌 한 그 지정은행에 의하여 분명히 동의되거나 그러한 사실을 수익자에게 통지한 경우를 제외하고는 그 지급이나 또는 매입한 지정은행의 의무에는 지급하거나 또는 매입해야 할 어떠한 수권도 부과되지 않는다.

b. 발행은행은 어느 은행을 어음을 인수하거나 연지급확약서를 발행하도록 지명함으로써 그 지정은행이 그 은행에 의하여 인수된 어음이나 발행된 연지급확약서를 사전 지급하거나 매입할 수 있는 수권을 부여한다.

c. 확인은행이 아닌 지정은행에 의한 서류의 수령이나 또는 서류심사와 송부는 그 지정은행에게 지급이나 매입할 의무를 부과하지 않으며 또한 그것은 지급이나 매입이 되지 않는다.

제13조 은행간 상환약정

a. 만약에 신용장에 대금상환은 어느 지정은행(청구은행)이 또 다른 당사자(상환은행)에 청구하여 받아야 한다는 것을 기재하고 있다면 그 신용장은 신용장발행된 일자에 대금상환은 은행간 대금상환에 관한 ICC 규칙에 의한다는 것을 명시해야 한다.

b. 만약에 신용장에 대금상환이 은행간 대금상환에 관한 ICC 규칙에 의한다는 기재가 없으면 다음과 같이 적용된다.

  ⅰ. 발행은행은 상환은행에게 신용장에 기재된 사용가능성에 일치한 상환수권을 제공해야 한다. 그 상환수권은 유효기일과는 상관없다.

  ⅱ. 청구은행은 상환은행에게 신용장조건에 일치한다는 증명서의 제출을 요구받지 않는다.

  ⅲ. 대금상환이 상환은행에 의하여 신용장조건에 따라서 첫 번째 청구에 대하여 이루어지지 않을 경우에는 발행은행이 발생된 비용과 함께 이자손실에 대한 책임이 있다.

  ⅳ. 상환은행의 비용은 발행은행이 부담한다. 그러나 만약에 그 비용이 수익자 부담인 경우에는 발행은행이 신용장이나 상환수권서에 그렇게 명시할 책임이 있다. 만약에 상환은행의 비용이 수익자 부담인 경우에는 그 비용은 상환이 이루어질 때 청구은행에게 지급할 금액에서 공제된다. 만약에 상환이 이루어지지 않는 경우 상환은행의 비용은 발행은행의 책임이 된다.

c. 만약 대금상환이 첫 번째 청구에 의하여 상환은행에 의하여 되지 않는다면 발행은행은 상환을 해야 할 의무로부터 면제받지 못한다.

[Article 14] Standard for Examination of Documents

a. A nominated bank acting on its nomination, a confirming bank, if any, and the issuing bank must examine the presentation to determine, on the basis of the documents alone, whether or not the documents appear on their face to constitute a complying presentation.

b. A nominated bank acting on its nomination, a confirming bank, if any, and the issuing bank shall each have a maximum of five banking days following the day of presentation to determine if a presentation is complying. This period curtailed or otherwise affected by the occurrence on or after the date of presentation of any expiry date or last day for presentation.

c. A presentation including one or more original transport documents subject to articles 19, 20, 21, 22, 23, 24 or 25 must be made by or on behalf of the beneficiary not later than 21 calendar days after the date of shipment as described in these rules, but in any event not later than the expiry date of the credit.

d. Data in a document, when read in context with the credit, the document itself and international standard banking practice, need not be identical to, but must not conflict with, data in that document any other stipulated document or the credit.

e. In documents other than the commercial invoice, the description of the goods, services or performance, if stated, may be in general terms not conflicting with their description in the credit.

f. If a credit requires presentation of a document other than a transport document, insurance document or commercial invoice, without stipulating by whom the document is to be issued or its data content, banks will accept the document as presented if its content appears to fulfil the function of the required document and otherwise complies with sub-article 14 (d).

g. A document presented but not required by the credit will be disregarded and may be returned to the presenter.

h. If a credit contains a condition without stipulating the document to indicate compliance with the condition, banks will deem such condition as not stated and will disregard it.

i. A document may be dated prior to the issuance date of the credit, but must not be dated later than its date of presentation.

제14조 서류심사의 기준

a. 지정에 따라서 행하는 지정은행, 확인은행(확인은행이 있는 경우) 그리고 발행은행은 서류가 그 문면상 조건에 일치하는지 여부를, 서류에만 근거하여 결정하기 위하여 제시된 서류를 심사해야 한다.

b. 지정에 따라서 행하는 지정은행, 확인은행(확인은행이 있는 경우) 그리고 발행은행은 제시된 서류가 조건에 일치하는지를 결정하는데 서류제시일에 이은 최대한 5 영업일을 소요한다. 이 기간은 앞으로 유효기일 또는 서류제시의 최종일과는 무관하다.

c. 신용장 통일규칙 제19조, 20조, 21조, 22조, 23조, 24조 또는 25조에 근거한 한통 이상의 운송서류를 포함한 서류의 제시는 수익자에 의하여 또는 수익자를 대신하여 이 규칙에서 기술된 선적일자 후 월력에 의한 21일 이내에 그러나 어떤 경우에도 신용장 유효기일 이내에 행해져야 한다.

d. 서류의 발행일자는 신용장, 서류자체 그리고 국제표준 은행관행의 내용에 비추어 그 서류일자, 어느 달리 규정된 서류일자 또는 그 신용장 일자와 다르지 않거나 일치해야 한다.
   ⅰ. 어느 달리 규정된 서류일자나 혹은
   ⅱ. 그 신용장 일자

e. 상업송장 이외의 서류는 상품명세, 서비스나 용역이행서(필요한 경우)는 신용장의 명세서와 일치하지 않는 일반적 용어로 될 수 있다.

f. 만약에 신용장이 그 서류를 발행할 당사자나 그 일자의 내용을 정함이 없이 운송서류, 보험서류 또는 상업송장 이외의 서류의 제시를 요구하고 있다면 은행은 그 서류의 내용이 요구된 서류의 기능을 충족하고 제14조 d항과 일치하는 한 그 서류는 제시된 대로 수리한다.

g. 신용장에 요구되지 않는 제시된 서류는 무시할 수 있으며 제시자에게 반송될 수 있다.

h. 만약에 신용장이 조건의 일치를 증명하기 위하여 서류를 규정하지 않고 조건만을 표시하고 있다면 은행은 그러한 조건은 기재되지 않은 것으로 간주하여 무시할 수 있다.

i. 서류는 신용장 발행일자보다는 앞선 일자로 될 수 있으나 그 제시일자보다 늦은 날짜로 되어서는 안 된다.

j. When the addresses of the beneficiary and the applicant appear in any stipulated document need not be the same as those stated in the credit or in any other stipulated document, but must be within the same country as the respective addresses mentioned in the credit. However, when any address and contract details of the applicant appear as part of the consignee or notify party details on a transport document, subject to articles 19, 20, 21, 22, 23, 24, or 25 it must be as stated in the credit. Contact details (telefax, telephone, email and the like) stated as part of the beneficiarys and the applicants address will be disregarded.

k. The shipper or consignor of the goods indicated on any document need not be the beneficiary of the credit.

l. A transport document may be issued by a party other than the owner of a vessel or other means of transport provided that the transport document meets the requirements of articles 19, 20, 21, 23 or 24 of these rules.

[Article 15] Complying presentation

a. When an issuing bank determines that a presentation is complying, it must honour.

b. When a confirming bank determines that a presentation is complying, it must honour or negotiate and forward the documents to the issuing bank.

c. When a nominated bank determines that a presentation is complying and honours or negotiates, it must forward the documents to the confirming bank or issuing bank.

[Article 16] Discrepant Documents, Waiver and Notice

a. When a nominated bank acting on its nomination, a confirming bank, if any, or the issuing bank determine that a presentation does not comply, they may refuse to honour or negotiate.

b. When an issuing bank determines that a presentation does not comply, it may in its sole judgement approach the applicant for a waiver of the discrepancies. This does not, however, extend the period mentioned in sub-article 14 (b).

c. When a nominated bank acting on its nomination, a confirming bank, if any, or the issuing bank decide to refuse to honour or negotiate, they must give a single notice to that effect to the presenter.
The notice must state:
i . that the bank is refusing to honour or negotiate; and
ii . each discrepancy in respect of which the bank refuses to honour or negotiate; and

j. 어느 규정된 서류상에 수익자나 발행의뢰인의 주소는 신용장이나 다른 서류와 동일할 필요가 없으나 그 신용장에 언급된 각각의 주소와 동일국가 내에 있어야 한다. 그러나 발행의뢰인의 주소가 어느 운송서류상의 수하인이나 통지처의 내용의 일부로서 표시될 때에는 신용장에 기술된 대로 되어야 한다.

수익자나 발행의뢰인의 주소의 일부로서 연락사항(텔렉스, 전화, 이메일과 기타 유사한 것)은 무시된다.

k. 서류상에 표시된 상품의 선적인 또는 송하인은 신용장상의 수익자일 필요는 없다.

l. 운송서류는 그 운송서류가 이 규칙 제19조, 20조, 21조 또는 24조의 조건을 충족하는 한 선박이나 또는 다른 운송수단을 소유하지 않는 당사자에 의하여 발행될 수 있다.

제15조 일치하는 제시

a. 발행은행은 서류제시가 일치한다고 결정할 대는 지급해야 한다.

b. 확인은행은 서류제시가 일치한다고 결정할 때는 지급하거나 매입하고 그 서류를 발행은행에 송부해야 한다.

c. 지정은행은 서류제시가 일치한다고 결정하고 지급 또는 매입한 때에는 그 서류를 확인은행이나 발행은행에 송부해야 한다.

제16조 하자있는 서류, 권리포기 및 통지

a. 지정에 의하여 대행하는 지정은행, 확인은행(확인은행이 있을 때) 또는 발행은행은 제시된 서류가 조건에 불일치한다고 결정한 때는 지급이나 매입을 거절할 수 있다.

b. 발행은행은 제시된 서류가 조건에 불일치한다고 결정한 때는 자신의 단독판단에 의해서 발행의뢰인에게 하자 주장에 대한 포기를 협의할 수 있다. 그러나 이것은 제14조 (b)항에 언급된 기간을 연장하지 않는다.

c. 지정에 의하여 대행하는 지정은행, 확인은행(확인은행이 있을 때) 또는 발행은행은 지급이나 매입을 거절할 때에는 서류 제시자에게 단 한 번의 통지를 해야 한다. 그 통지는 다음사항을 명시해야 한다.

ⅰ. 그 은행은 지급 또는 매입을 거절한다는 것 그리고

ⅱ. 그 은행이 지급 또는 매입을 거절하는 데 대한 각 하자 사항.

iii. a) that the bank is holding the documents pending further instructions from the presenter; or

   b) that the issuing bank is holding the documents until it receives a waiver from the applicant and agrees to accept it, or receives further instructions from the presenter prior to agreeing to accept a waiver; or

   c) that the bank is returning the documents; or

   d) that the bank is acting in accordance with instructions previously received from the presenter.

d. The notice required in sub-article 16 (c) must be given by telecommunication or, if that is not possible, by other expeditious means no later than the close of the fifth banking day following the day of presentation.

e. A nominated bank acting on its nomination, a confirming bank, if any, or the issuing bank may, after providing notice required by sub-article 16 (c) (iii) (a) or (b), return the documents to the presenter at any time.

f. If an issuing bank or confirming bank fails to act in accordance with the provisions of this article, it shall be precluded from claiming that the documents do not constitute a complying presentation.

g. When an issuing bank refuses to honour or a confirming bank refuses to honour or negotiate and has given notice to that effect in accordance with this article, it shall then be entitled to claim a refund, with interest, of any reimbursement made.

[Article 17] Original Documents and Copies

a. At least one original of each document stipulated in the credit must be presented.

b. A bank shall treat as original any document bearing an apparently original signature, mark, stamp, or label of the issuer of the document, unless the document itself indicates that it is not original.

c. Unless a document indicates otherwise, a bank will also accept a document as original if it:

   i . appears to be written, typed, perforated or stamped by the document issuers hand; or

   ii . appears to be on the document issuers original stationery; or

   iii. states that it is original, unless the statement appears not to apply to the document presented.

d. If a credit requires presentation of copies of documents, presentation of either originals or copies is permitted.

iii. 그 은행이 제시자로부터 장래 지시가 있을 때까지
    a) 그 서류를 보관하고 있다는 것 또는
    b) 그 발행은행이 개설의뢰인으로부터 하자포기를 수령한 후 그것을 수락할 것을 동의할 때까지 또는 권리포기를 수락할 것을 동의하기 전에 제시인으로부터 지시를 받을 때까지 서류를 보관하고 있다는 것 또는
    c) 그 은행이 서류를 반송하고 있는 중이라는 것 또
    d) 그 은행이 제시인으로부터 미리 받은 지시에 따라서 행동하고 있다는 것

d. 제16조(c)항에서 요청된 통지(지급거절통지)는 전신문이나 그것이 불가능할 때에는 제시일에 이은 5영업일의 종료가 되기 전에 다른 예상되는 수단에 의하여 행하여져야 한다.

e. 지정에 의하여 대행하는 지정은행, 확인은행(확인은행이 있을 때) 또는 발행은행은 제16조(c)항 iii호(a) 또는 (b)에 의하여 요구되는 거절통지를 한 후에는 언제든지 서류를 제시인에게 반송할 수 있어야 한다.

f. 발행은행이나 확인은행이 본 조항의 규정에 따라서 행하지 못한다면 그 은행은 제시된 서류가 일치된 서류제시가 아니라고 주장하지 못한다.

g. 발행은행이 지급거절 하거나 확인은행이 지급 또는 매입을 거절하고 이 조항에 따라서 그 사실에 대한 통지(지급 또는 매입거절통지)를 할 때에는 이자와 함께 이행된 상환금의 반환을 청구할 권리가 있다.

제17조 원본서류와 사본

a. 신용장에 규정된 각 서류에 대해서는 적어도 한 통의 원본이 제시되어야 한다.

b. 은행은 그 서류 자체에 원본이 아니라고 표시되지 않는 한 서류발생자의 분명한 원본 서명, 표시, 스템프 또는 라벨이 되어 있는 어떠한 서류도 원본으로 취급한다.

c. 서류에 달리 표시가 없는 한, 은행은 서류가 다음과 같이 표시되어 있다면 역시 원본서류로서 수리한다.
    i. 서류발행자의 수기에 의한 필서, 타이프, 천공 또는 스템프 된 경우.」
    ii. 서류 발행자의 원본 문언이 있는 경우 또는
    iii. 그 설명서가 제시된 서류에 적용되는 한 그것에 원본이라고 명시하는 경우

d. 만약에 신용장에 서류의 사본 제시를 요구하고 있다면 원본 또는 사본의 제시가 허용된다.

e. If a credit requires presentation of multiple documents by using terms such as "in duplicate", "in two fold" or "in two copies", this will be satisfied by the presentation of at least one original and the remaining number in copies, except when the document itself indicates otherwise.

[Article 18] Commercial Invoice

a. A commercial invoice:
   i . must appear to have been issued by the beneficiary (except as provided in article 38)
   ii . must be made out in the name of the applicant (except as provided in sub-article 38 (g)
   iii . must be made out in the same currency as the credit; and
   iv . need not be signed.
b. A nominated bank acting on its nomination, a confirming bank, if any, or the issuing bank may accept a commercial invoice issued for an amount in excess of the amount permitted by the credit, and its decision will be binding upon all parties, provided the bank in question has not honoured or negotiated for an amount in excess of that permitted by the credit.
c. The description of the goods, services or performance in a commercial invoice must correspond with that appearing in the credit.

[Article 19] Transport Document Covering at Least Two Different Modes of Transport

a. A transport document covering at least two different modes of transport (multimodal or combined transport document), however named, must appear to
   i . indicate the name of the carrier and be signed by
   • the carrier or a named agent for or on behalf of the carrier, or
   • the master or a named agent for or on behalf of the master.
   Any signature of the carrier, master or agent must be identified as that of the carrier, master or agent.
   Any signature by an agent must indicate whether the agent has signed for or on behalf of the carrier, or for or on behalf of the master.
   ii . indicate that the goods have been dispatched, taken in charge or shipped on board by:
   • pre-printed wording, or
   • a stamp or notation indicating the date on which the goods have been dispatched, taken in charge or shipped on board.
   The date of issuance of the transport document will be deemed to be the date of dispatch, taking in charge or shipped on board and the date of shipment, However, if transport document indicates, by stamp or notation, a date of dispatch, taking in charge or shipped on board, in which case this date will be deemed to be the date of shipment.

e. 신용장에 두 통(in duplicate), 두 장(in two fold) 또는 두 통의 사본(in to copies) 등의 용어를 사용해서 복수 서류의 제시를 요구하고 있다면 서류자체에서 달리 표시되지 않는 한 적어도 원본 한 통과 나머지 수의 사본서류의 제시로서 충족된다.

제18조 상업송장

a. 상업송장은 다음과 같이 표시되어야 한다.

ⅰ. 제38조 조항을 제외하고는 수익자에 의하여 발행되어야 한다.

ⅱ. 제38조 (g)항을 제외하고는 수익자에 의하여 발행되어야 한다.

ⅲ. 신용장과 동일한 통화로 작성되어야 하고, 그리고

ⅳ. 서명될 필요가 없다.

b. 지정에 의하여 대행하는 지정은행, 확인은행(확인은행이 있을 경우) 또는 발행은행은 신용장에서 허용된 금액을 초과한 금액으로 발행된 상업송장을 수리할 수 있다. 그리고 이러한 결정은 당해 은행이 신용장에서 허용된 금액을 초과한 금액을 지급하거나 매입하지 않는 한 모든 당사자를 구속한다.

c. 상업송장상의 상품, 서비스 또는 용역이행의 명세서는 신용장에 나타난 것과 일치해야 한다.

제19조 적어도 두 개 이상의 다른 운송방법을 포괄하는 운송서류

a. 두 개 이상의 다른 운송수단을 이용한 운송서류(복합운송서류)는 명칭에 상관없이 다음과 같이 표시되어야 한다.

ⅰ. 운송인의 명칭을 표시하고 다음과 같은 사람에 의하여 서명되어야 한다.

• 운송인 또는 운송인을 위하여 또는 대리하여 명칭을 표시한 대리인

• 선장 또는 선장을 위하여 또는 대리하여 명칭을 표시한 대리인

운송인, 선장 또는 대리인의 서명은 운송인, 선장 또는 대리인임을 표시하여 그 서명이 구분되지 않으면 안 된다. 대리인의 서명은 그 대리인이 운송인을 위하여 또는 대리하는지 선장을 위하여 또는 대리하는지를 표시하여야 한다.

ⅱ. 상품은 발송 수탁, 본선적재 되었는지를 다음과 같은 방법에 의하여 표시되어야 한다.

• 사전 인쇄된 문언이나

• 상품이 발송, 수탁, 본선적재된 날짜를 표시한 스탬프 또는 표시문언

운송서류의 발행일자는 상품의 발송, 수탁 또는 본선적재 그리고 선적일자로 간주된다. 그러나 만약에 운송서류가 스탬프나 표시문언에 의하여 발송, 수탁, 또는 본선적재 일자를 표시하는 경우에는 그 일자가 선적일자로 간주된다.

iii. indicate the place of dispatch, taking in charge or shipment and the place of final destination stated in the credit, even if:
  - the transport document states, in addition, a different place of dispatch, taking in charge or shipment or place of final destination,
  - the transport document contains the indication "intended" or similar qualification in relation to the vessel, or port of loading or port of discharge.
iv. be the sole original transport document or, if issued in more than one original, be the full set as indicated on the transport document.
v. contain terms and conditions of carriage or make reference to another source containing the terms and conditions of carriage (short form or blank back transport document). Contents of terms and conditions of carriage will not be examined.
vi. contain no indication that it is subject to a charter party.

b. For the purpose of this article, transhipment means unloading from one means of conveyance and reloading to another means of conveyance (whether or not in different modes of transport) during the carriage from the place of dispatch, taking in charge or shipment to the place of final destination stated in the credit.

c. i. A transport document may indicate that the goods will or may be transhipped provided that the entire carriage is covered by one and the same transport document.
  ii. A transport document indicating that transhipment will or may take place is acceptable, even if the credit prohibits transhipment.

[Article 20] Bill of Lading

a. A bill of lading, however named, must appear to:
  i. indicate the name of the carrier and be signed by:
    - the carrier or a named agent for or on behalf of the carrier, or.
    - the master or a named agent for or on behalf of the master.

    Any signature by the carrier, master or agent must be identified as that of the carrier, master or agent.

    Any signature by an agent must indicate whether the agent has signed for or on behalf of the carrier or for or on behalf of the master.
  ii. indicate that the goods have been shipped on board a named vessel by:
    - pre-printed wording, or
    - an on board notation indicating the date on which the goods have been shipped on board.

iii. 발송, 수탁이나 선적장소와 최종목적지는 신용장에 규정된 대로 표시하여 야 한다. 그러나 운송서류가 다음과 같이 표시하고 있더라도 상관없다.
  • 운송서류가 신용장의 장소에 추가하여 또 다른 발송, 수탁 또는 선적장소 나 최종목적지를 언급하는 경우
  • 운송서류가 선박이나 선적항 또는 양륙항에 관하여 예정된(intended) 또는 그 유사한 표시를 포함하고 있는 경우
iv. 단 하나의 원본 운송서류나 만약 하나 이상의 원본 서류가 발행된 경우에 는 운송서류에 표시된 대로 전통이어야 한다.
v. 운송에 관한 일반거래조건을 포함하거나 운송에 관한 일반조건에 포함된 또 다른 근거조건(약식 또는 후면 공백 운송서류)을 참조하도록 하는 경우, 운 송에 관한 일반거래조건의 내용은 심사하지 않는다.
vi. 운송서류가 용선계약에 근거한다는 표시가 없어야 한다.

b. 이 조항에서 환적은 신용장에 규정된 상품의 발송, 수탁, 또는 선적장소에서 최 종목적지까지 운송 중에 하나의 운송수단으로부터 하역하여 또 다른 운송수단 으로 재선적하는 것을 의미한다. 운송수단의 형태는 불문한다.

c. i. 운송서류는 전 운송이 하나의 그리고 동일한 운송서류로 이행될 경우에는 상 품이 환적이 되거나 될 수도 있다는 표시가 있다는 것을 표시할 수 있다.
   ii. 비록 신용장에서 환적을 금지하고 있더라도 환적이 되거나 될 수 있다는 것 을 표시한 운송서류는 수리될 수 있다.

제20조 선하증권

a. 선하증권은 그 명칭에 불구하고, 다음과 같이 표시되어야 한다.
  i. 운송인의 명칭을 표시하고 다음과 같은 사람에 의하여 서명되어야 한다.
    • 운송인 또는 운송인을 위하여 또는 대리하여 명칭을 표시한 대리인
    • 선장 또는 선장을 위하여 또는 대리하여 명칭을 표시한 대리인 운송인, 선장 또는 대리인의 서명은 운송인, 선장, 또는 대리인임을 표시하여 그 서명이 구분되어야 한다. 대리인의 서명은 그 대리인이 운송인을 위하거나 대리 하는지, 선장을 위해서 또는 대리하는지를 표시하여야 한다.
  ii. 상품은 다음과 같은 방법에 의하여 기명된 선박의 본선에 적재되었음을 표 시하여야 한다.
    • 사전에 인쇄된 문언이나
    • 상품이 본선에 적재된 일자를 표한 본선적재 표시

The date of issuance of the bill of lading will be deemed to be the date of shipment unless the bill of lading contains an on board notation indicating the date of shipment, in which case the date stated in the on board notation will be deemed to be the date of shipment.

If the bill of lading contains the indication "intended vessel" or similar qualification in relation to the name of the vessel, an on board notation indicating the date of shipment and the name of the actual vessel is required.

iii. indicate shipment from the port of loading to the port of discharge stipulated in the credit.

If the bill of lading does not indicate the port of loading stated in the credit as the port of loading, or if it contains the indication "intended" or similar qualification in relation to the port of loading, an on board notation indicating the port of loading as stated in the credit, the date of shipment and the name of the vessel is required. This provision applies even when loading on board or shipment on a named vessel is indicated by pre-printed wording on the bill of lading.

iv. be the sole original bill of lading or, if issued in more than one original, be the full set as indicated on the bill of lading.

v. contain terms and conditions of carriage or make reference to another source containing the terms and conditions of carriage (short form or blank back bill of lading). Contents of terms and conditions of carriage will not be examined.

vi. contain no indication that it is subject to a charter party.

b. For the purpose of this article, transhipment means unloading from one vessel and reloading to another vessel during the carriage from the port of loading to the port of discharge stipulated in the credit.

c. i. A bill of lading may indicate that the goods will or may be transhipped provided that the entire carriage is covered by one and the same bill of lading.

ii. A bill of lading indicating that transhipment will or may take place is acceptable even if the credit prohibits transhipment if the goods have been shipped in a container, trailer or LASH barge as evidenced by the bill of lading.

d. Clauses in a bill of lading stating that the carrier reserves the right to tranship will be disregarded.

선하증권의 발행일자는 선적일자로 간주된다. 그러나 선하증권에 선적일자를 표시한 본선적재 표시가 있을 경우에는 본선적재 표시에 언급된 일자가 선적일자로 간주된다. 만약에 선하증권에 선박명에 관하여 예정된 선박(intended vessel) 또는 그 유사한 표시가 있는 경우에는 선적일자와 실제 선적된 선박명을 표시한 본선적재 표시가 요구된다.

iii. 만약에 선하증권에 선적항으로서 신용장에 규정된 선적항을 표시하지 않거나 선적항에 관한 예정된(intended) 또는 그 유사한 표시를 포함하고 있을 경우에는 신용장에 나타난 선적항, 선적일자, 그리고 선박명을 표시한 본선적재 표시가 요구된다.

이 조항은 비록 본선적재 또는 기명된 선박에의 선적이 선하증권상에 사전 인쇄된 문언에 의하여 표시된 경우에도 적용된다.

iv. 단 하나의 선하증권 원본이나 하나 이상의 원본이 발행된 경우에는 선하증권상에 표시된 대로 전통이어야 한다.

v. 운송에 관한 일반거래조건을 포함하고 있거나 운송에 관한 일반거래조건에 포함된 다른 근거(약식 또는 후면 공백 선하증권)를 참조하도록 한 경우에는 운송에 관한 일반거래조건의 내용은 심사하지 않는다.

vi. 선하증권이 용선계약에 근거한다는 표시가 없어야 한다.

b. 이 규정에서 환적은 신용장에 나타난 선적항에서 양륙항까지 운송 중에 하나의 선박에서 하역하여 다른 선박에 재선적하는 것을 의미한다.

c. i. 선하증권은 전체 운송이 하나의 동일한 선하증권에 의해서 수행되는 한 그 상품이 환적될 수 있다는 표시를 할 수 있다.

ii. 환적이 되거나 될 수 있다는 표시를 하고 있는 선하증권은 신용장에서 환적을 금지하고 있다고 하드라도 만약에 상품이 선화증권에 나타난 대로 컨테이너, 트레일러, 또는 래쉬바지선에 선적된 경우에는 수리될 수 있다.

d. 운송인이 환적할 권리를 유보한다는 표시가 있는 선하증권의 조항은 무시한다.

[Article 21] Non-Negotiable Sea Waybill

a. A non-negotiable sea waybill, however named, must appear to:

　　 i . indicate the name of the carrier and be signed by:

　　　　 • the carrier or a named agent for or on behalf of the carrier, or the master

　　　　 or

　　　　 • a named agent for or on behalf of the master.

Any signature by the carrier, master or agent must be identified as that of the carrier, master or agent.

Any signature by an agent must indicate whether the agent has signed for or on behalf of the carrier or for or on behalf of the master.

　　 ii . indicate that the goods have been shipped on board a named vessel at the port of loading stated in the credit by:

　　　　 • pre-printed wording, or

　　　　 • an on board notation indicating the date on which the goods have been shipped on board.

The date of issuance of the non-negotiable sea waybill will be deemed to be the date of shipment unless the non-negotiable sea waybill contains an on board notation indicating the date of shipment, in which case the date stated in the on board notation will be deemed to be the date of shipment.

If the non-negotiable sea waybill contains the indication "intended vessel" or similar qualification in relation to the name of the vessel, an on board notation indicating the date of shipment and the name of the actual vessel is required.

　　 iii . indicate shipment from the port of loading to the port of discharge stated in the credit.

If the non-negotiable sea waybill does not indicate the port of loading stated in the credit as the port of loading, or if it contains the indication "intended" or similar qualification in relation to the port of loading, an on board notation indicating the port of loading as stated in the credit, the date of shipment and the name of the vessel is required. This provision applies even if loading on board or shipment on a named vessel is indicated by pre-printed wording on the non-negotiable sea waybill.

　　 iv . be the sole original non-negotiable sea waybill or, if issued in more than one original, be the full set as indicated on the non-negotiable sea waybill.

　　 v . contain terms and conditions of carriage or make reference to another source containing the terms and conditions of carriage (short form or blank back non-negotiable sea waybill). Contents of terms and conditions of carriage will not be examined.

　　 vi . contain no indication that it is subject to a charter party.

제21조 비유통 해상화물운송장

a. 비유통해상운송장은 명칭에 불문하고 다음과 같이 표시되어야 한다.

  ⅰ. 운송인의 명칭을 표시하고 다음과 같은 사람에 의하여 서명되어야 한다.
    • 운송인 또는 운송인을 위하여 또는 운송인을 대리하여 명칭을 표시한 대리인
    • 선장 또는 선장을 위하여 또는 선장을 대리하여 명칭을 표시한 대리인
    운송인, 선장 또는 대리인의 서명은 운송인, 선장 또는 대리인임을 표시하여
    그 서명이 구분되어야 한다. 대리인의 서명은 그 대리인이 운송인을 위하거나
    운송인을 대리하는지 또는 선장을 위하거나 선장을 대리하는지를 표시하여야
    한다.

  ⅱ. 상품이 다음에 의하여 신용장에 명시된 선적항에서 지정된 선박의 본선에
    적재되었는지를 표시하여야 한다.
    • 미리 인쇄된 문언에 의하거나
    • 상품이 본선에 적재된 날짜를 지정한 본선 적재표시.
    비유통해상운송장의 발행일자는 선적일자로 간주된다. 그러나 비유통해상운송
    장이 선적일자를 표시한 본선적재표시를 포함하고 있을 경우에는 그 본선적
    재표시에 언급된 일자가 선적일자로 간주된다.
    만약에 비유통해상운송장이 선박명에 관하여 "예정된 선박(intended vessel)" 또
    는 유사한 표시를 하고 있는 경우에 선적일자를 표시하고 실재 선박명을 표시
    한 본선적재 표시가 요구된다.

  ⅲ. 신용장에 규정된 선적항으로부터 양륙항까지 선적을 표시해야 한다.
    만약에 비유통해상운송장이 선적항으로 신용장에 규정된 선적항을 표시하고 있
    지 않거나 또는 선적항에 관하여 "예정된(intended)" 또는 유사한 표시를 포
    함하고 있는 경우에는 신용장에 규정된 선적항 선적일자와 선박명을 표시
    된 본선적재 표시가 요청된다.
    이 조항은 비록 지정된 선박에 본선적재나 선적이 비유통해상운송장에 사전
    인쇄된 문언에 의하여 표시된 경우에도 적용된다.

  ⅳ. 단 하나의 비유통해상운송장이나 하나 이상의 원본이 발행된 경우에는 비유
    통해상운송장에 표시된 대로 전통이어야 한다.

  ⅴ. 운송에 관한 일반거래조건을 포함하고 있거나 운송인의 일반거래조건에 포함
    된 또 다른 근거(약식형태나 후면 공백 비유통해상운송장)를 참조하도록 표시
    되어 있는 경우에 운송의 일반거래조건의 내용은 심사하지 않는다.

  ⅵ. 비유통해상운송장에 용선계약에 근거한다는 표시가 없어야 한다.

b. For the purpose of this article, transhipment means unloading from one vessel and reloading to another vessel during the carriage from the port of loading to the port of discharge stipulated in the credit.

c. i . a non-negotiable sea waybill may indicate that the goods will be transhipped provided that the entire carriage is covered by one and the same non-negotiable sea waybill.

ii . A non-negotiable sea waybill indicating that transshipment will or may take place is acceptable even if the credit prohibits transhipment, if the goods are shipped in a container, trailer or LASH barge as evidenced by the non-negotiable sea waybill.

d. Clauses in a non-negotiable sea waybill stating that the carrier reserves the right to tranship will be disregarded.

[Article 22] Charter Party Bill of Lading

a. A charter party bill of lading, however named, which contains an indication that it is subject to a charter party, must appear to:

i . be signed by:
- the master or a named agent for or on behalf of the master, or
- the owner or a named agent for or on behalf of the owner, or
- the charterer or a named agent for or on behalf of a charterer.

Any signature by the master, owner, charterer or agent must be identified as that of the master, owner, charterer or agent.

Any signature by an agent must indicate whether the agent has signed for or on behalf of the master, owner or charterer.

An agent signing for or on behalf of the owner or a charterer must indicate the name of the owner or a charterer.

ii . indicate that the goods have been shipped on board a named vessel by:
- pre-printed wording, or
- an on board notation indicating the date on which the goods have been shipped on board.

The date of issuance of the charter party bill of lading will be deemed to be the date of shipment unless the charter party bill of lading contains an on board notation, indicating the date of shipment in which case the date stated in the on board notation will be deemed to be the date of shipment.

iii. indicate shipment from the port of loading to the port of discharge stated in the credit. The port of discharge may also be shown as a range of ports or a geographical area, as stated in the credit.

iv. be the sole original charter party bill of lading or, if issued in more than one original, be the full set as indicated on the charter party bill of lading.

b. 이 조항에 있어서 환적은 신용장에 규정된 선적항으로부터 양륙항까지 운송 중에 한 선박으로부터 하역하여 또 다른 선박에 재선적하는 것을 의미한다.
c. ⅰ. 비유통해상증권은 만약에 전 운송이 하나의 그리고 동일한 해상운송장에 의하여 실행된다면 상품이 환적될 것이라는 것을 표시할 수 있다.
  ⅱ. 비록 신용장이 환적을 금지하고 있더라도 만약에 상품이 비유통해상운송장에 나타난 대로 컨테이너, 트레일러나, 혹은 래쉬바지선으로 선적된 경우에는 환적이 되거나 될 수 있다고 표시된 비유통해상운송장은 수리될 수 있다.
d. 운송인이 환적할 권리를 유보하고 있다는 것이 언급된 비유통해상운송장의 조항은 무시된다.

제22조 용선계약부 선하증권

a. 용선계약선하증권은 명칭에 불구하고 용선계약에 의한다는 표시를 포함하고 있으며, 다음과 같이 표시되어야 한다.
  ⅰ. 다음과 같은 사람에 의하여 서명되어야 한다.
    • 선장이나 선장을 위하여 또는 선장을 대리하는 명칭을 표시한 대리인
    • 선주나 선주를 위하여 또는 선주를 대리하는 명칭을 표시한 대리인
    • 용선인이나 용선인을 위하여 또는 용선인을 대리하는 명칭을 표시한 대리인
    선장, 선주, 용선인이나 대리인의 서명은 선장, 선주, 용선인이나 대리인임을 표시하여 구분될 수 있어야 한다.
    대리인의 서명은 그 대리인이 선장, 선주나 용선인을 위하여 또는 대리하여 서명하였다는 것을 표시해야 한다.
  ⅱ. 상품은 다음과 같이 지정된 선박에 본선적재 되었다는 것을 표시하여야 한다.
    • 사전 인쇄된 문언이나
    • 상품이 본선에 적재된 날짜를 표시한 본선적재표시.
    용선계약선하증권의 발행일자는 선적일자로 간주된다. 그러나 용선계약선하증권이 선적일자를 표시한 본선적재표시를 포함하고 있을 경우에는 본선적재 표시에 언급된 일자가 선적일자로 간주한다.
  ⅲ. 신용장에 명시된 선적항으로부터 양륙항까지 선적을 표시하여야 한다. 양륙항의 표시는 신용장에 명시된 대로 어느 항구의 범위, 지리적 장소로 표시될 수 있다.
  ⅳ. 하나의 유일한 원본이나 용선계약선하증권이나 하나 이상의 원본이 발행된 경우에 용선계약선하증권에 표시된 대로 전통이어야 한다.

b. A bank will not examine charter party contracts even if they are required to be presented by the terms of the credit.

[Article 23] Air Transport Document

a. An air transport document, however named, must appear to

ⅰ. indicate the name of the carrier and be signed by

- the carrier, or
- a named agent for or on behalf of the carrier.

Any signature by the carrier or agent must be identified as that of the carrier or agent.

Any signature by an agent must indicate whether the agent has signed for or on behalf of the carrier.

ⅱ. indicate that the goods have been accepted for carriage.

ⅲ. indicate the date of issuance. This date will be deemed to be the date of shipment unless the air transport document contains a specific notation of the actual date of shipment, in which case this date will be deemed to be the date of shipment.

Any other information appearing on the air transport document relative to the flight number and date will not be considered in determining the date of shipment.

ⅳ. indicate the airport of departure and the airport of destination stipulated in the credit.

ⅴ. be the original for consignor or shipper, even if the credit stipulates a full set of originals.

ⅵ. contain terms and conditions of carriage or make reference to another source containing the terms and conditions of carriage. Contents of terms and conditions of carriage will not be examined.

b. For the purpose of this article, transhipment means unloading from one aircraft and reloading to another aircraft during the carriage from the airport of departure to the airport of destination stipulated in the credit.

c. ⅰ. An air transport document may indicate that the goods will or may be transhipped, provided that the entire carriage is covered by one and the same air transport document.

ⅱ. An air transport document indicating that transhipment will or may ta place is acceptable, even if the credit prohibits transhipment.

b. 은행은 용선계약선하증권이 신용장의 조건에 의하여 제시되었다고 하더라도 용선계약서는 심사하지 않는다.

제23조 항공운송서류

a. 항공운송서류는 그 명칭에 불구하고 다음과 같이 표시되어야 한다.
  i. 운송인의 명칭을 표시하거나 다음과 같은 사람에 의하여 서명되어야 한다.
    - 운송인이나
    - 운송인을 위하여 또는 대리한 명칭을 표시한 대리인

운송인이나 대리인에 의한 서명은 운송인 또는 대리인을 표시하여 구분되어야 한다.

대리인에 의한 서명은 그 대리인이 운송인을 위하여 또는 대리하여 서명하였는지를 표시하여야 한다.

  ii. 상품은 운송을 위하여 수령되었다는 것을 표시하여야 한다.
  iii. 발행일자를 표시하여야 하며 이 날자는 선적일자로 간주된다. 그러나 항공운송서류가 실제 선적일자의 특별한 표시를 포함하고 있는 경우에는 이 날짜가 선적일자로 간주된다.

항공번호와 일자에 관한 항공운송서류에 나타난 또 다른 정보는 선적일자를 결정하는 데 고려되지 않는다.

  iv. 신용장에 규정된 출발공항과 도착공항을 표시하여야 한다.
    v. 비록 신용장이 원본전통을 규정하고 있더라도 송하인 또는 선적인용 원본이어야 한다.
    vi. 운송의 일반거래조건을 포함하고 있거나 운송의 일반거래조건에 포함된 또 다른 근거를 참조하도록 표시된 경우에는 운송의 일반거래조건의 내용은 심사하지 않는다.
b. 이 조항에서 환적은 신용장에 규정된 출발공항에서 목적지 공항까지 운송 중에 한 항공기로부터 하역하여 또 다른 항공기로 재선적 하는 것을 의미한다.
c. i. 항공운송 서류는 전체운송이 하나의 동일한 항공서류에 의하여 수행될 경우에는 상품이 환적이 일어나거나 일어날 수 있다고 표시할 수 있다.
  ii. 비록 신용장에서 환적이 금지되고 있더라도 환적이 되거나 될 수 있다고 표시된 항공운송서류는 수리될 수 있다.

[Article 24] Road, Rail or Inland Waterway Transport Documents

a. A road, rail or inland waterway transport document, however named, must appear to:

i. indicate the name of the carrier and
- be signed by the carrier or a named agent for or on behalf of the carrier, or
- indicate receipt of the goods by signature, stamp or notation by the carrier or a named agent for or on behalf of the carrier.

Any signature, stamp or notation of receipt of the goods by the carrier or agent must be identified as that of the carrier or agent.

Any signature, stamp or notation of receipt of the goods by the agent must indicate that the agent has signed or acted for or on behalf of the carrier.

If a rail transport document does not identify the carrier, any signature or stamp of the railway company will be accepted as evidence of the document being signed by the carrier.

ii. indicate the date of shipment or the date the goods have been received for shipment, dispatch, carriage at the place stated in the credit. Unless the transport document contains a dated reception stamp, an indication of the date of receipt or a date of shipment, the date of issuance of the transport document will be deemed to be the date of shipment.

iii. indicate the place of shipment and the place of destination stated in the credit.

b. i . A road transport document must appear to be the original for consignor or shipper or bear no marking indicating for whom the document has been prepared.

ii. A rail transport document marked "duplicate" will be accepted as an original.

iii. A rail or inland waterway transport document will be accepted as an original whether marked as an original or not.

c. In the absence of an indication on the transport document as to the number of originals issued, the number presented will be deemed to constitute a full set.

d. For the purpose of this article, transhipment means unloading from one means of conveyance and reloading to another means of conveyance, in different modes of transport, during the carriage from the place of shipment to the place of destination stipulated in the credit.

e. i . A road, rail or inland waterway transport document may indicate that the goods will or may be transhipped provided that the entire carriage is covered by one and the same transport document.

ii. A road, rail or inland waterway transport document indicating that transhipment will or may take place is acceptable, even if the credit prohibits transhipment.

제24조 도로, 철도 또는 내수로 운송서류

a. 도로, 철도 또는 내륙수로 운송서류는 명칭에 불구하고 다음과 같이 표시되어야 한다.

   ⅰ. 운송인의 명칭이 표시되어야 하고
   - 운송인이나 운송인을 위해서 또는 대리하여 명칭을 기재한 대리인에 의하여 서명되었거나
   - 운송인이나 운송인을 위해서 또는 대리하여 명칭을 기재한 대리인에 의한 서명, 스템프 또는 표시에 의하여 상품의 수령을 나타내야 한다.

   운송인 또는 대리인에 의한 서명, 스템프 또는 상품수령의 표시는 그 운송인이나 대리인임을 표시하여 구분될 수 있어야 한다.

   대리인에 의한 서명, 스템프나 상품수령의 표시는 그 대리인이 운송인을 위하여 또는 대신하여 서명하였거나 행하였다는 것을 나타내야 한다.

   만약에 철도운송서류가 운송인을 표시하지 않고 있다면, 철도회사의 서명이나 스템프로서 운송인에 의하여 서명된 서류의 증거로서 수리된다.

   ⅱ. 선적일자나 신용장에서 명시된 장소에서 상품이 선적, 발송, 운송을 위하여 수령되었다는 일자를 표시하여야 한다. 그러나 운송서류에 일자를 표시한 수령 스템프, 수령일자 표시나 선적일자가 없다면 운송서류의 발행일자가 선적일자로 간주된다.

   ⅲ. 신용장에 명시된 선적장소와 목적장소를 표시하여야 한다.

b. ⅰ. 도로운송서류는 송하인이나 선적인용 원본으로 표시되어야 하나 누구를 위하여 그 서류가 준비되었는지를 나타내는 표시는 없을 수도 있다.

   ⅱ. 부본(duplicate)라고 표시된 철도운송서류는 원본으로 수리된다.

   ⅲ. 도로, 철도 내륙 수로 운송서류는 원본 표시 유무에 불구하고 원본으로 간주된다.

c. 운송서류상에 발행된 원본의 부수가 표시되지 않은 경우에는 제시된 부수가 전통으로 간주된다.

d. 이 조항에서 환적은 신용장에 규정된 선적장소로부터 목적장소까지 운송 중에 하나의 운송수단으로부터 하역하여 또 다른 운송수단에 재선적하는 것을 의미한다.

e. ⅰ. 도로 철도 내지 수로운성서류는 전체운송이 하나의 동일한 운송서류에 의하여 수행된다면 상품이 환적이 되거나 될 수 있다는 표시를 할 수 있다.

   ⅱ. 비록 신용장에서 환적을 금지하고 있더라도 환적이 되거나 될 수 있다는 표시를 하고 있는 도로, 철도 내륙수로운송서류는 수리될 수 있다.

[Article 25] Courier Receipt, Post Receipt or Certificate of Posting

    a. A courier receipt, however named, evidencing receipt of goods for transport, must appear to:

        i . indicate the name of the courier service and be stamped, signed states by the named courier service at the place from which the credit stipulates the goods are to be shipped and

        ii . indicate a date of pick-up or of receipt or wording to this effect. This date will be deemed to be the date of shipment.

    b. A requirement that courier charges are be paid or prepaid, may be satisfied by a transport document issued by a courier service evidencing that courier charges are for the account of a party other than the consignee.

    c. A post receipt or certificate of posting, however named, evidencing receipt of goods for transport, must appear to be stamped, signed and dated in the place from which the credit states the goods are to be shipped. This date will be deemed to be the date of shipment.

[Article 26] "On Deck", "Shipper's Load and Count" Said by Shipper to Contain and Charges Additional to Freight

    a. A transport document must not indicate that the goods are or will be loaded on deck. A clause on a transport document stating that the goods may be loaded on deck is acceptable.

    b. A transport document bearing a clause such as "shipper's load and count" and "said by shipper to contain" is acceptable.

    c. A transport document may bear a reference, by stamp or otherwise, to charges additional to the freight.

[Article 27] Clean Transport Document

    A bank will only accept a clean transport document. A clean transport document is one bearing no clause or notation expressly declaring a defective condition of the goods or their packaging. The word "clean" need not appear on a transport document even if a credit has a requirement for that transport document to be "clean on board."

제25조 특송배달영수증, 우편영수증 또는 우편증명서

a. 특사배달수취증은 그 명칭에 불구하고 우송을 위하여 화물을 수령하였다는 증거를 다음과 같이 표시하여야 한다.

  i. 특사배달업체의 명칭을 표시해야 하고 지명된 특사배달업체에 의하여 신용장에 명시된 장소에서 화물이 선적될 것이라는 것을 스템프 하거나, 서명되어야 한다. 그리고,

  ii. 집배 또는 수령 또는 이러한 사실을 기재한 문언의 일자를 표시해야 하며, 이 날짜가 선적일자로 간주된다.

b. 신용장이 특사배달 수수료가 지불이 되었거나 지불될 것을 요구하고 있다면, 은행은 특사배달 수수료가 수하인 이외의 당사자 부담이라고 표시하는 특사배달업체가 발행한 운송서류로도 충족될 수 있다.

c. 우편수취증 또는 우편증명서는 명칭에 불구하고 운송을 위하여 화물을 수령했다는 증거가 되며, 신용장에서 명시된 장소에서 화물이 선적될 것이라는 것을 스템프하거나 서명하거나 일부 표시를 하여야 하며, 이 날짜가 선적일자로 간주된다.

제26조 "갑판적재" "내용물 부지약관"과 운임에 대한 추가비용

a. 운송서류는 화물이 갑판상에 적재되었거나 될 것이라고 표시해서는 안 된다. 그러나 화물이 갑판상에 적재될 수도 있다고 표시한 운송서류상의 조항은 수리될 수 있다.

b. "선적인에 의한 적재 및 수량확인(shipper's load and count)" 그리고 "선적인에 의한 내용물 확인(said by shipper to contain)"과 같은 조항을 표시한 운송서류는 수리될 수 있다.

c. 운송서류는 운임에 대한 추가비용에 대해서 스템프나 또는 다른 방법에 의한 참조표시를 할 수 있다.

제27조 무고장 운송서류

은행은 오로지 무고장운송만을 수리한다. 무고장운송서류는 상품이나 포장에 대한 하자조건을 분명히 나타내는 조항이나 표시가 없는 운송서류이다. "무고장(clean)"이라는 단어는 비록 신용장에서 그 운송서류가 "무고장본선적재(clean on board)"될 것을 요구하고 있더라도 운송서류 상에 나타날 필요가 없다.

[Article 28] Insurance Document and Coverage

a. An insurance document, such as an insurance policy, an insurance certificate or a declaration under an open cover, must appear to be issued and signed by an insurance company, an underwriter or their agents or proxies.

b. Where the insurance document indicates it has been issued in more than one original, all originals must be presented.

c. Cover notes will not be accepted.

d. An insurance policy is acceptable in lieu of an insurance certificate or a declaration under an open cover.

e. The date of the insurance document must be no later than the date of shipment, unless it appears from the insurance document that the cover is effective no later than the date of shipment.

f.　ⅰ. The insurance document must indicate the amount of insurance coverage and be in the same currency as the credit.

　　ⅱ. A requirement in the credit for insurance coverage to be for a percentage of the value of the goods, of the invoice value or similar is deemed to be the minimum amount of coverage required.

　　If there is no indication in the credit of the insurance coverage required, the amount of insurance coverage must be 110% of the CIF or CIP value of the goods.

　　When the CIF or CIP value cannot be determined from the documents, the amount of insurance coverage must be calculated on the basis of the amount for which honour or negotiation is requested, or the gross value of the goods as shown on the invoice, whichever is greater.

　　ⅲ. The insurance document must indicate that risks are covered at least between the place of taking in charge or shipment and the place of discharge or final destination as stated in the credit.

g. A credit should state the insurance required and, if any, the additional risks to be covered. An insurance document will be accepted without regard to any risks that are not covered, if the credit uses imprecise terms such as "usual risks" or "customary risks."

h. Where a credit requires insurance against "all risks" and an insurance document is presented containing any "all risks" notation or clause, whether or not bearing the heading "all risks", the insurance document will be accepted without regard to any risks stated to be excluded.

i. An insurance document may contain reference to any exclusion clause.

j. An insurance document may indicate that the cover is subject to a franchise or excess (deductible).

제28조 보험서류와 부보범위

a. 보험증권, 보험증명서 또는 포괄예정보험계약에 의한 보험확인서는 보험회사 또는 보험인수업체, 또는 그 대리인이나 대리자들에 의하여 발행되고 서명되어야 한다.

b. 보험서류 상에 한 통 이상의 원본이 발행되었다는 표시가 있는 경우에는 모든 원본서류가 제시되어야 한다.

c. 보험중개업자의 부보각서는 수리되지 않는다.

d. 보험증권은 보험증명서나 포괄예정보험계약에 의한 보험확인서 대신에 수리될 수 있다.

e. 보험서류의 일자는 늦어도 선적일 이전이어야 한다.
그러나 보험서류상에 보험의 부담이 선적일자 이전에 유효하다는 표시가 있으면 예외이다.

f. ⅰ. 보험서류를 보험부담금액을 표시해야 하고 신용장과 같은 통화로 되어야 한다.
ⅱ. 신용장에서 보험의 부담에 대해서 상품가격, 송장가격 또는 이와 유사한 것의 부담비율을 요구하고 있다면 그것은 요구된 보험부담의 최소한의 금액으로 간주된다.
만약에 신용장에서 보험부담의 요구표시가 없다면 보험부담의 금액은 상품의 CIF 가격이나 CIP 가격의 110%가 되어야 한다.
운송서류로부터 CIF나 CIP 가격을 결정할 수 없을 때는 보험부담의 금액은 요청된 지급 또는 매입금액이나 송장에 나타난 상품의 총가격 중에서 큰 것으로 한다.
ⅲ. 보험서류는 적어도 신용장에 언급된 수탁지 또는 선적지와 신용장에 언급된 양륙지 또는 최종목적지 사이에 위험이 부보되고 있다는 것을 표시해야 한다.

g. 신용장은 요구된 보험과 필요하다면 부보될 추가위험을 표시해야 한다.
보험서류는 만약에 신용장에 "보통의 위험(usual risks)" 또는 "관례적인 위험(customary risks)"와 같은 부정확한 용어를 사용하고 있다면 부보되지 않은 어떠한 위험에도 불구하고 수리된다.

h. 신용장에서 "모든 위험에 대한 보험(all risks)" 조건으로 보험을 요구하고 있고, 보험서류상에 "전위험(all risks)"이라는 제목에 상관없이 "전위험(all risks)" 표시나 조항을 포함하고 있으면 그 보험서류는 제외되는 어떠한 위험이 있음에도 불구하고 수리된다.

i. 보험서류는 어느 공제조항에 대한 참조문을 포함시킬 수 있다.

j. 보험서류는 부보조건이 비공제소손해면책약관(franchise) 또는 공제소손해면책약관(excess, dedutible)의 적용을 받는다는 것을 표시할 수 있다.

[Article 29] Extension of Expiry Date or Last Day for Presentation

a. If the expiry date of a credit or the last day for presentation falls on a day when the bank to which presentation is to be made is closed for reasons other than those referred to in article 36, the expiry date or the last day for presentation, as the case may be, will be extended to the first following banking day.

b. If presentation is made on the first following banking day, a nominated bank must provide the issuing bank or confirming bank with a statement on its covering schedule that the presentation was made within the time limits extended in accordance with sub-article 29 (a).

c. The latest date for shipment will not be extended as a result of sub-article 29 (a).

[Article 30] Tolerance in Credit Amount, Quantity and Unit Prices

a. The words "about" or "approximately" used in connection with the amount of the credit or the quantity or the unit price stated in the credit are to be construed as allowing a tolerance not to exceed 10% more or 10% less than the amount, the quantity or the unit price to which they refer.

b. A tolerance not to exceed 5% more or 5% less than the quantity of the goods is allowed, provided the credit does not state the quantity in terms of a stipulated number of packing units or individual items and the total amount of the drawings does not exceed the amount of the credit.

c. Even where partial shipments are not allowed, a tolerance not to exceed 5% less than the amount of the credit is allowed, provided that the quantity of the goods, if stated in the credit, is shipped in full and a unit price, if stated in the credit, is not reduced or that sub-article 30 (b) is applicable. This tolerance does not apply when the credit stipulates a specific tolerance or uses the expressions referred to in sub-article 30 (a).

[Article 31] Partial Drawings or Shipments

a. Partial drawings or shipments are allowed.

b. A presentation consisting of more than one set of transport documents evidencing shipment commencing on the same means of conveyance and for the same journey, provided they indicate the same destination, will not be regarded as covering a partial shipment, even if they indicate different dates of shipment or different ports of loading, places of taking in charge or dispatch. If the presentation consists of more than one set of transport documents, the latest date of shipment as evidenced on any of the sets of transport documents will be regarded as the date of shipment.

제29조 유효기일 또는 최종제시일의 연장

a. 신용장의 유효기일 또는 최종제시일이 제시가 되어야 하는 은행이 제36조에서 언급된 사유 외의 사유로 영업을 하지 않는 잘인 경우, 유효기일 또는 경우에 따라 최종제시일은 그 다음 첫 은행영업일까지 연장된다.

b. 만일 제시가 그 다음 첫 은행영업일에 이루어지는 경우, 지정은행은 발행은행 또는 확인은행에 제시가 제29조(a)항에 따라 연장된 기한 내에 이루어졌음을 기재한 표시서류를 제공하여야 한다.

c. 최종선적일은 제29조(a)항에 의하여 연장되지 않는다.

제30조 신용장금액, 수량 그리고 단가의 허용치

a. 신용장 금액이나 신용장에 표시된 수량, 단가에 관련하여 사용된 "about(약)" 또는 "approximately(대강)" 등의 표현은 신용장에서 언급한 금액, 수량 또는 단가의 10% 과부족을 넘지 않는 차액을 허용하는 것으로 해석한다.

b. 신용장에서 포장단위나 개별품목의 규정된 수량조건에 대한 수량표시가 없고 어음의 총금액이 신용장 금액을 초과하지 않는다면 상품수량보다 5% 초과 또는 5% 부족의 범위를 넘지 않은 차액은 허용된다.

c. 물품의 수량이 신용에 기재된 경우 전량 선적되고 단가가 신용장에 기재된 경우 감액되지 않은 때, 또는 제30조(b)항이 적용되지 않는 때에는, 분할선적이 허용되지 않더라도 신용장 금액의 5%이내의 편차는 허용된다. 이 편차는 신용장이 특정 편차를 명시하거나 제30조(a)에 언급된 표현을 사용하는 때에는 적용되지 않는다.

제31조 분할청구 또는 분할선적

a. 분할어음 발행과 분할선적은 허용된다.

b. 동일한 운송수단과 동일한 항로에 대해서 선적되었음을 표시한 한 통 이상의 운송서류의 제시는 동일한 목적지를 표시하고 있다면 비록 선적일자가 다르거나 선적항, 수탁지 또는 발송지가 다르다고 하더라도 분할선적으로 간주되지 않는다. 만약에 제시가 한 통 이상의 선적서류로 되어 있다면 어느 통의 선적서류에 표시된 가장 늦은 선적일자가 선적일자로 간주된다.

A presentation consisting of one or more sets of transport documents evidencing shipment on more than one means of conveyance within the same mode of transport will be regarded as covering a partial shipment, even if the means of conveyance leave on the same day for the same destination.

c. A presentation consisting of more than one courier receipt, post receipt or certificate of posting will not be regarded as a partial shipment if the courier receipts, post receipts or certificates of posting appear to have been stamped or signed by the same courier or postal service at the same place and date and for the same destination.

[Article 32] Instalment Drawings or Shipments

If a drawing or shipment by instalments within given periods is stipulated in the credit and any instalment is not drawn or shipped within the period allowed for that instalment, the credit ceases to be available for that and any subsequent instalment.

[Article 33] Hours of Presentation

A bank has no obligation to accept a presentation outside of its banking hours.

[Article 34] Disclaimer on Effectiveness of Documents

A bank assumes no liability or responsibility for the form, sufficiency, accuracy, genuineness, falsification or legal effect of any document, or for the general or particular conditions stipulated in a document or superimposed thereon; nor does it assume any liability or responsibility for the description, quantity, weight, quality, condition, packing, delivery, value or existence of the goods, services or other performance represented by any document, or for the good faith or acts or omissions, solvency, performance or standing of the consignor, the carrier, the forwarder, the consignee or the insurer of the goods or any other person.

[Article 35] Disclaimer on Transmission and Translation

A bank assumes no liability or responsibility for the consequences arising out of delay, loss in transit, mutilation or other errors arising in the transmission of any messages or delivery of letters or documents, when such messages, letters or documents are transmitted or sent according to the requirements stated in the credit, or when the bank may have taken the initiative in the choice of the delivery service in the absence of such instructions in the credit.

동일한 운송형태에서 하나 이상의 운송수단에 선적을 나타내는 한 통 이상의 운송서류의 제시는 비록 운송수단이 동일한 목적지로 동일한 날자에 출항한다고 하더라도 분할선적으로 간주된다.

c. 한통 이상의 특사배달 수취증, 우편수령증 또는 우편발송증명서의 제시는 비록 특사배달수취증, 우편수령증 또는 우편발송증명서에 동일장소, 동일일자, 그리고 동일목적지로 발송되었다는 동일한 특사배달업체, 우편서비스업체에 의하여 스템프 되었거나 서명된 경우에는 분할선적으로 간주되지 않는다.

제32조 할부청구 또는 할부선적

주어진 기간내에 할부에 의한 어음발행이나 선적이 신용장에 규정되어 있고, 어느 할부분이 그 할부분에 허용된 기간내에 어음발행이나 선적이 되지 않는다면 신용장은 그 할부분과 연속된 할부분에 대해서 무효가 된다.

제33조 제시시간

은행은 은행의 영업시간 이외에 제시된 서류를 수리할 의무가 없다.

제34조 서류의 효력에 대한 면책

은행은 어떤 서류의 형식, 충분성, 정확성, 진정성, 위조 또는 법적 효력에 대하여 또는 그 서류에 명시된 일반조건이나 특별조건 또는 부가조건에 대하여 어떠한 의무나 책임을 지지 않는다. 그리고 은행은 서류에 대한 상품명세, 수량, 중량, 품질상태, 포장 인도, 상품의 가치 또는 실존여부, 서비스나 이행여부에 대하여, 송하인, 운송인, 운송중개인, 상품의 수하인 또는 보험자나 기타 다른 관계인의 성실성이나 작위 또는 부작위, 지급능력, 의무이행 또는 업태에 대하여 어떤 의무나 책임을 지지 않는다.

제35조 전송과 번역에 대한 면책

은행은 전문이나 편지 또는 서류가 신용장에 명시된 요구조건에 따라서 전달되거나 발송될 경우에 은행이 신용장에 지시가 없을 경우에 인도서비스의 선택에 주도권을 가진 경우에도 어느 메시지의 전달이나 편지나 서류의 인도 과정에서 발생한 지연, 손실에 대한 결과 또는 훼손 또는 오류에 대해서 어떤 의무나 책임을 지지 않는다.

If a nominated bank determines that a presentation is complying and forwards the documents to the issuing bank or confirming bank, whether or not the nominated bank has honoured or negotiated, an issuing bank or confirming bank must honour or negotiate, or reimburse that nominated bank, even when the documents have been lost in transit between the nominated bank and the issuing bank or confirming bank, or between the confirming bank and issuing bank.

A bank assumes no liability or responsibility for errors in translation or interpretation of technical terms and may transmit credit terms without translating them.

[Article 36] Force Majeure

A bank assumes no liability or responsibility for the consequences arising out of the interruption of its business by Acts of God, riots, civil commotions, insurrections, wars, acts of terrorism, or by any strikes or lockouts or any other causes beyond its control.

A bank will not, upon resumption of its business, honour or negotiate under a credit which expired during such interruption of its business.

[Article 37] Disclaimer for Acts of an Instructed Party

a. A bank utilizing the services of another bank for the purpose of giving effect to 1074 the instructions of the applicant does so for the account and at the risk of the applicant.

b. An issuing bank or advising bank assumes no liability or responsibility should the instructions it transmits to another bank not be carried out, even if it has taken the initiative in the choice of that other bank.

c. A bank instructing another bank to perform services is liable for any commissions, fees, costs or expenses ("charges") incurred by that bank in connection with its instructions.

   If a credit stipulates that charges are for the account of the beneficiary and charges cannot be collected or deducted from proceeds, the issuing bank remains liable for payment of charges.

   A credit or amendment should not stipulate that the advising to a beneficiary is conditional upon the receipt by the advising bank or second advising bank of its charges.

d. The applicant shall be bound by and liable to indemnify a bank against all obligations and responsibilities imposed by foreign laws and usages.

만일, 지정은행이 서류의 제시가 조건에 일치하는지를 결정하고 그 서류를 지정은행의 지급이나 매입여부에 불문하고 발행은행이나 확인은행에 송부할 경우에는 발행은행이나 확인은행은 비록 그 서류가 지정은행과 발행은행과 확인은행 사이 또는 확인은행과 발행은행 사이에 전달 중에 분실되었다면 그 지정은행에 지급하거나 또는 매입하거나 또는 상환해야 한다.

은행은 기술적인 용어의 번역이나 해석상 오류에 대하여 어떠한 의무나 책임을 지지 않으며 또한 신용장 조건을 번역하지 않고 전달할 수 있다.

제36조 불가항력

은행은 천재지변, 폭동, 소요, 내란, 전쟁, 테러행위 또는 파업이나 직장폐쇄 또는 기타 통제불능의 원인에 의한 업무중단으로 발생하는 결과에 대하여 어떠한 의무나 책임을 지지 않는다.

은행은 업무를 재개할 때는 은행의 업무중단 기준 중에 유효기간이 만료된 신용장에 대하여 지급 또는 매입을 하지 않는다.

제37조 지시받은 당사자의 행위에 대한 면책

a. 발행의뢰인의 지시를 이행할 목적으로 다른 은행의 서비스를 이용한 은행은 그 발행의뢰인의 비용과 위험부담으로 행동한다.

b. 은행은 비록 그들 자신이 주도적으로 그러한 다른 은행을 선정하였더라도 그들이 다른 은행에 전달하도록 한 지시가 수행되지 않은 경우에 어떠한 의무나 책임을 지지 않는다.

c. 어느 은행에게 서비스를 할 것을 지시한 은행은 그 지시와 관련해서 지시 받은 은행에 의하여 발생된 어떠한 수수료, 요금, 비용이나 지출 경비에 대하여 책임을 진다. 신용장이 이러한 비용이 수익자 부담으로 되어 있거나 그 비용이 수출대전으로부터 추심하거나 감액할 수 없다면 개설은행이 비용지급에 대하여 책임을 진다.

신용장이나 조건변경서는 수익자에 대한 개설의뢰인의 통지가 수익자의 비용으로 통지은행이나 제2 통지은행에 의하여 수령을 조건으로 한다는 것을 규정해서는 안 된다.

d. 발행의뢰인은 외국의 법률과 관습에 의하여 부과되는 모든 의무나 책임에 구속되며 이에 대하여 은행에 보상할 책임을 진다.

[Article 38] Transferable Credits

a. A bank is under no obligation to transfer a credit except to the extent and in the manner expressly consented to by that bank.

b. For the purpose of this article:

Transferable credit means a credit that specifically states it is "transferable" A transferable credit may be made available in whole or in part to another beneficiary ("second beneficiary") at the request of the beneficiary ("first beneficiary").

Transferring bank means a nominated bank that transfers the credit or, in a credit, available with any bank a bank that is specifically authorized by the issuing bank to transfer and that transfers the credit. An issuing bank may be a transferring bank.

Transferred credit means a credit that has been made available by the transferring bank to a second beneficiary.

c. Unless otherwise agreed at the time of transfer, all charges (such as commissions, fees, costs or expenses) incurred in respect of a transfer must be paid by the first beneficiary.

d. A credit may be transferred in part to more than one second beneficiary provided partial drawings or shipments are allowed.

A transferred credit cannot be transferred at the request of a second beneficiary to any subsequent beneficiary. The first beneficiary is not considered to be a subsequent beneficiary.

e. Any request for transfer must indicate if and under what conditions amendments may be advised to the second beneficiary. The transferred credit must clearly indicate those conditions.

f. If a credit is transferred to more than one second beneficiary, rejection of an amendment by one or more second beneficiary does not invalidate the acceptance by any other second beneficiary, with respect to which the transferred credit will be amended accordingly. For any second beneficiary that rejected the amendment, the transferred credit will remain unamended.

g. The transferred credit must accurately reflect the terms and conditions of the credit, including confirmation, if any, with the exception of:
- the amount of the credit,
- any unit price stated therein,
- the expiry date,
- the period for presentation, or
- the latest shipment date or given period for shipment,
   any or all of which may be reduced or curtailed.

제38조 양도가능신용장

a. 은행은 그 은행에 의하여 명시적으로 동의한 범위와 방식 이외로는 신용장을 양도할 의무가 없다.

b. 이 조항에서 양도가능신용장은 신용장에 "양도가능(transferable)"이라고 특별히 명시되어 있는 신용장을 의미한다. 양도가능신용장은 수익자(제1수익자)의 요청에 의하여 또 다른 수익자(제2수익자)에게 전부 또는 일부가 사용될 수 있는 신용장을 의미한다.

양도은행은 신용장을 양도하도록 지정된 은행을 의미한다. 또는 어느 은행에서도 이용될 수 있는 신용장에서는 발행은행에 의하여 특별히 신용장을 양도하도록 수권받고 신용장을 양도하는 은행을 의미한다. 발행은행은 양도은행이 될 수 있다.

양도된 신용장은 양도은행에 의하여 제2수익자에게 이용가능하도록 된 신용장을 의미한다.

c. 양도시기에 관하여 달리 합의가 없으면, 양도에 관하여 발생된 모든 비용(수수료, 요금, 대가나 경비 등)은 제1수익자가 지급해야 한다.

d. 신용장은 분할어음 발행이나 분할선적이 허용될 경우에는 한 사람 이상의 제2수익자에게 부분적으로 양도될 수 있다.

양도된 신용장은 제2수익자의 요청으로 그 다음의 연속된 수익자에게 양도될 수 없다. 제1수익자는 제2수익자의 연속된 수익자로 간주되지 않는다.

e. 양도 요청은 조건변경이 어떠한 조건으로 제2수익자에게 양도될 수 있는지를 표시해야 하며, 양도된 신용장은 그러한 조건을 분명히 표시해야 한다.

f. 신용장이 한 사람 이상의 제2수익자에게 양도될 경우에 한 사람 이상의 제2수익자에 의한 조건변경의 거절은, 양도된 신용장이 그에 따라서 조건변경되는 점에서 어느 다른 제2수익자에 의한 수락에는 효력이 있다.

조건변경을 거절한 제2수익자에게는 양도된 신용장이 변경되지 않는 것으로 된다.

g. 양도된 신용장은 필요한 경우 다음과 같은 사실은 제외하고 확인을 포함하여 신용장의 거래조건에 정확하게 영향을 미친다.
   - 신용장 금액
   - 신용장에 표시된 단가
   - 유효기일
   - 제시기간
   - 최종선적일 또는 선적기간
     위의 사실 중 일부 또는 전부가 감액되거나 단축될 수는 있다.

The percentage for which insurance cover must be effected may be increased to provide the amount of cover stipulated in the credit or these articles.

The name of the first beneficiary may be substituted for that of the applicant in the credit,

If the name of the applicant is specifically required by the credit to appear in any document other than the invoice, such requirement must be reflected in the transferred credit.

h. The first beneficiary has the right to substitute its own invoice and draft, if any, for those of a second beneficiary for an amount not in excess of that stipulated in the credit, and upon such substitution the first beneficiary can draw under the credit for the difference, if any, between its invoice and the invoice of a second beneficiary.

i. If the first beneficiary is to present its own invoice and draft, if any, but fails to do so on first demand, or if the invoices presented by the first beneficiary create discrepancies that did not exist in the presentation made by second beneficiary and the first beneficiary fails to correct them on first demand, the transferring bank has the right to present the documents as received from the second beneficiary to the issuing bank, without further responsibility to the first beneficiary.

j. The first beneficiary may, in its request for transfer, indicate that honour or negotiation is to be effected to a second beneficiary at the place to which the credit has been transferred, up to and including the expiry date of the credit. This is without prejudice to the right of the first beneficiary in accordance with sub-article 38 (h).

k. Presentation of documents by or on behalf of a second beneficiary must be made to the transferring bank.

[Article 39] Assignment of Proceeds

The fact that a credit is not stated to be transferable shall not affect the right of the beneficiary to assign any proceeds to which it may be or may become entitled under the credit, in accordance with the provisions of applicable law. This article relates only to the assignment of proceeds and not to the assignment of the right to perform under the credit.

보험의 부보가 유효한 부보비율은 원신용장이나 이러한 조항에 규정된 부보금액에 따라서 증액될 수 있다.

제1수익자의 명칭은 신용장 발행의뢰인의 명칭으로 대체될 수 있다. 그러나 발행의뢰인의 명칭이 원신용장에 의하여 송장 이외의 어느 서류에 특별히 표시되도록 요구된 경우에는 그러한 요구사항은 양도된 신용장에도 영향을 미친다.

h. 제1수익자는 자신의 송장과 어음으로 필요하다면 신용장에 규정된 금액을 초과하지 않는 금액으로 제2수익자의 송장과 어음을 대체할 수 있다. 그리고 그러한 대체가 이루어진 경우에 제1수익자는 필요하다면 자신의 송장과 제2수익자의 송장 간에 차액에 대하여 신용장에 근거하여 어음을 발행할 수 있다.

I. 제1수익자는 자신의 송장과 어음 제시해야 하는데 만약에 첫 번째 요청시에 이를 이행하지 못한 경우 또는 제1수익자가 제시한 송장들이 제2수익자에 의하여 제시된 서류에 존재하지 않는 하자를 만들고 제1수익자가 첫 번째 요청시에 그 하자를 치유하지 못한다면, 양도은행이 제2수익자로부터 수령한대로 그 서류를 발행은행에게 제1수익자의 더 이상 책임 없이 제시할 권리를 가진다.

j. 제1수익자는 양도 요청에 따라서 지급이나 매입이 신용장이 양도된 장소에서 신용장의 유효기일까지 제2수익자에게 이루어질 수 있도록 지시할 수 있다.

이러한 지시는 제38조(h)에 따라서 제1수익자의 권리를 침해하지 않고 이루어져야 한다.

k. 제2수익자에 의하여 또는 대리한 운송서류의 제시는 양도은행에 행하여져야 한다.

제39조 대금의 양도

신용장이 양도가능한 것으로 명시되어 있지 않았다고 하더라도 수익자가 적용법규에 따라 신용장에서 그가 받을 자격이 있거나 받아야 할 자격을 가지게 될 대금을 양도할 수 있는 권리에 영향을 받지 않는다. 본 조항은 대금의 양도에 관련되며, 해당 신용장에 따라서 행사하는 권리의 양도에는 관련되어 있지 않다.

부록2 Uniforms Rules for Collections(URC 522)

부록2 추심에 관한 통일규칙(URC 522)

A. General Provisions And Definitions

Article 1. Application of URC 522

ⓐ The Uniform Rules for Collections, 1995 Revision, ICC Publication No. 522, shall apply to all collections as defined in Article 2 where such rules are incorporated into the text of the "collection instruction" referred to in Article 4 and are binding on all parties thereto unless otherwise expressly agreed or contrary to the provisions of a national, state or local law and/or regulation which cannot be departed from.

ⓑ Banks shall have no obligation to handle either a collection or any collection instruction or subsequent related instructions.

ⓒ If a bank elects, for any reason, not to handle a collection or any related instructions received by it, it must advise the party from whom it received the collection or the instructions by telecommunication or, if that is not possible, by other expeditious means, without delay.

Article 2. Definition of Collection

For the purposes of these Articles:

ⓐ "Collection" means the handling by banks of documents as defined in sub − Article 2(b) below, in accordance with instructions received, in order to:

1. obtain payment and/or acceptance, or
2. deliver documents against payment and/or against acceptance, or
3. deliver documents on other terms and conditions.

ⓑ "Documents" means financial documents and/or commercial documents:

1. "Financial documents" means bills of exchange, promissory notes, cheques, or other similar instruments used for obtaining the payment of money;
2. "Commercial documents" means invoices, transport documents, documents of title or other similar documents, or any other documents whatsoever, not being financial documents.

ⓒ "Clean collection" means collection of financial documents not accompanied by commercial documents.

ⓓ "Documentary collection" means collection of:

1. Financial documents accompanied by commercial documents;
2. Commercial documents not accompanied by financial documents.

Article 3. Parties to a Collection

ⓐ For the purposes of these Articles the "parties thereto" are:

1. the "principal" who the party entrusting the handling of a collection to a bank
2. the "remitting bank" which is the bank to which the principal has entrusted the handling of a collection;
3. the "collecting bank" which is any bank, other than the remitting bank, involved in processing the collection;

A. 총칙 및 정의

제1조 추심에 관한 통일규칙 522의 적용
ⓐ 1995년 개정, 국제상업회의소 간행물 번호522, 추심에 관한 통일규칙은 본 규칙의 준거문언이 제4조에 언급된 '추심지시서'의 본문에 삽입된 경우 제2조에 정의된 모든 추심에 적용되며, 별도의 명시적인 합의가 없거나 또는 국가, 주, 또는 지방의 법률 및/또는 규칙의 규정에 위배되지 아니하는 한 모든 관계당사자를 구속한다.

ⓑ 은행은 추심 또는 어떠한 추심지시서 또는 이후 관련지시서를 취급하여야할 의무를 지지 아니한다.

ⓒ 은행이 어떠한 이유로 접수된 추심 또는 어떠한 관련지시서를 취급하지 않을 것을 결정한 경우에는 추심 또는 그 지시서를 송부한 당사자에게 전신, 또는 그것이 가능하지 않은 경우 다른 신속한 수단으로 지체없이 통지하여야 한다.

제2조 추심의 정의
본 규칙의 목적상,

ⓐ "추심"이라 함은 은행이 접수된 지시에 따라 다음과 같은 목적으로 제2조 b항에 정의된 서류를 취급하는 것을 의미한다:

1. 지급 및/또는 인수를 받거나, 또는
2. 서류를 지급인도 및/또는 인수인도 하거나, 또는
3. 기타의 조건으로 서류를 인도하는 목적.

ⓑ "서류"라 함은 금융서류 및/또는 상업서류를 의미한다;

1. "금융서류"란 환어음, 약속어음, 수표 또는 기타 금전의 지급을 받기 위하여 사용되는 기타 이와 유사한 증서를 의미한다;
2. "상업서류"란 송장, 운송서류, 권리증권 또는 이와 유사한 서류, 또는 그밖에 금융서류가 아닌 일체의 서류를 의미한다.

ⓒ "무화환추심"이라 함은 상업서류가 첨부되지 아니한 금융서류의 추심을 의미한다.

ⓓ "화환추심"이라 함은 다음과 같은 추심을 의미한다:

1. 상업서류가 첨부된 금융서류의 추심;
2. 금융서류가 첨부되지 아니한 상업서류의 추심.

제3조 추심당사자
ⓐ 본조의 목적상 관계당사자란 다음과 같은 자를 의미한다;

1. 은행에 추심의 취급을 의뢰하는 당사자인 "추심의 의뢰인";
2. 추심의뢰인으로부터 추심의 취급을 의뢰받은 은행인 "추심의뢰은행";
3. 추심의뢰은행 이외에 추심과정에 참여하는 모든 은행인 "추심은행";

4. the "presenting bank" which is the collecting bank marking presentation to the drawee.

ⓑ The "drawee" is the one to whom presentation is to be made in accordance with the collection instruction.

B. Form and Structure of Collections

Article 4   Collection Instruction

ⓐ 1. all documents sent for collection must be accompanied by a collection instruction indicating that the collection is subject to URC 522 and giving complete and precise instructions. banks are only permitted to act upon the instructions given in such collection instruction, and in accordance with these rules.

2. banks will not examine documents in order to obtain instructions.

3. unless otherwise authorised in the collection instruction, banks will disregard any instructions from any party/bank other than the party/bank from whom they received the collection.

ⓑ A Collection instruction should contain the following items of information, as appropriate.

1. Details of the bank from which the collection was received including full name, postal and SWIFT addresses, telex, telephone, facsimile numbers and reference.

2. Details of the principal including full name, postal address, and if applicable telex, telephone and facsimile numbers.

3. Details of the drawee including full name, postal address, or the domicile at which presentation is to be made and if applicable telex, telephone and facsimile numbers.

4. Details of the presenting bank, if any, including full name, postal address, and if applicable telex, telephone and facsimile numbers.

5. Amount(s) and currency(ies) to be collected.

6. List of documents enclosed and the numerical count of each document.

7. a. Terms and conditions upon which payment and/or acceptance is to be obtained.

   b. Terms of delivery of documents against:

      1) payment and/or acceptance

      2) other terms and conditions

It is the responsibility of the party preparing the collection instruction to ensure that the terms for the delivery of documents are clearly and unambiguously stated, otherwise banks will not be responsible for any consequences arising therefrom.

4. 지급인에게 제시를 행하는 추심은행인 "제시은행".
ⓑ "지급인"은 추심지시서에 따라 제시를 받아야 할 자를 말한다.

B. 추심의 형식 및 구성

제4조 추심지시서
  ⓐ 1. 추심을 위하여 송부되는 모든 서류에는 추심이 추심에 관한 통일규칙 간행물 번호 522에 의함을 명시하고 완전하고 정확한 지시가 기재된 추심지시서가 첨부되어야 한다. 은행은 이러한 추심지시서에 기재된 지시 및 본 규칙에 따라서만 업무를 수행하여야 한다.
2. 은행은 지시를 찾기 위하여 서류를 검토하지 아니한다.
3. 추심지시서에 별도의 수권이 없는 한 은행은 추심을 의뢰한 당사자/은행 이외의 어느 당사자/은행으로부터의 어떠한 지시도 무시한다.
  ⓑ 추심지시서는 다음과 같은 정보자료를 적절하게 포함하여야 한다.
1. 정식명칭, 우편 및 스위프트 주소, 텔렉스, 전화, 팩스 번호 및 참조사항을 포함한 추심의뢰은행의 명세
2. 정식명칭, 우편주소, 그리고 해당되는 경우, 텔렉스, 전화, 팩스 번호를 포함한 추심의뢰인의 명세
3. 정식명칭, 우편주소 또는 제시가 행하여 질 환어음 지급장소 및 해당되는 경우 텔렉스, 전화, 팩스 번호를 포함한 환어음지급인의 명세
4. 정식명칭, 우편주소 및, 해당되는 경우 텔렉스, 전화, 팩스 번호를 포함한, 만일 있는 경우 제시은행의 명세
5. 추심되는 금액과 통화
6. 동봉서류의 목록과 각 서류의 통수
7. a. 지급 및/ 또는 인수받는 조건
   b. 서류의 인도 조건:
     1) 지급 및/또는 인수
     2) 기타 조건
추심지시서를 준비하는 당사자는 서류의 인도조건이 분명하고 명확하게 기술되도록 할 책임이 있으며, 그렇지 않을 경우 은행은 이로 인해 발생하는 어떠한 결과에 대하여도 책임을 지지 아니한다.

8. Charges to be collected, indicating whether they maybe waived or not.

9. Interest to be collected, if applicable, indicating whether it may be waived or not, including:

   a. rate of interest

   b. interest period

   c. basis of calculation (for example 360 or 365 days in a year) as applicable.

10. Method of payment and from of payment and payment advice.

11. Instructions in case of non−payment, non−acceptance and/or non compliance with other instructions.

ⓒ 1. Collection instruction should bear the complete address of the drawee or of the domicile at which the presentation is to be made. if the address is incomplete or incorrect, the collecting bank may, without any liability and responsibility on its part, endeavour to ascertain the proper address.

2. The collecting bank will not be liable or responsibility for any ensuing delay as a result of an incomplete/incorrect address being provided.

C. Form of Presentation

Article 5   Presentation

ⓐ For the purposes of these Articles, presentation is the procedure whereby the presenting bank makes the documents available to the drawee as instructed.

ⓑ The collection instruction should state the exact period of time within which any action is to be taken by the drawee.

Expressions such as "first", "prompt", "immediate", and the like should not be used in connection with presentation or with reference to any period of time within which documents have to be taken up or for any other action that is to be taken by the drawee. If such terms are used banks will disregard them.

ⓒ Documents are to be presented to the drawee in the form in which they are received, except that banks are authorised to affix any necessary stamps, at the expense of the party from whom they received the collection unless otherwise instructed, and to make any necessary endorsements or place any rubber stamps or other identifying marks or symbols customary to or required for the collection operation.

ⓓ For the purpose of giving effect to the instructions of the principal, the remitting bank will utilise the bank nominated by the principal as the collecting bank.

In the absence of such nomination, the remitting bank will utilise any bank if its own, or another bank's choice in the country of payment or acceptance or in the country where other terms and conditions have to be complied with.

ⓔ The documents and collection instruction may be sent directly by the remitting bank to the collecting bank or through another banks as intermediary.

ⓕ If the remitting bank does not nominate a specific presenting bank, the collecting bank may until a presenting bank of its choice.

8. 수수료가 포기 될 수 있는지의 여부를 명시한 추심 수수료.
9. 해당되는 경우 다음을 포함하여 이자가 포기될 수 있는지의 여부를 명시한 추심이자.
  a. 이자율
  b. 이자지급기간
  c. 해당되는 경우, 계산 근거 (예컨대, 1년을 365일 또는 360일로 할 것인지)
  10. 지급방법 및 지급통지의 형식
  11. 지급거절, 인수거절, 및/또는 다른 지시와 불일치의 경우에 대한 지시
 ⓒ 1. 추심지시서에는 환어음지급인 또는 제시가 행하여 질 장소의 완전한 주소가 기재되어야 한다. 그 주소가 불완전하거나 부정확한 경우에 추심은행은 아무런 의무나 책임 없이 적정한 주소를 확인하기 위한 조치를 취할 수 있다.
  2. 추심은행은 불완전한/부정확한 주소가 제공된 결과로 발생하는 어떠한 지연에 대해서도 의무 및 책임을 지지 아니한다.

C. 제시의 형식

제5조   제시
 ⓐ 이 조항의 목적상, 제시는 제시은행이 지시받은 대로 서류를 지급인이 취득할 수 있도록 하는 절차이다.
 ⓑ 추심지시서는 지급인이 행위를 취해야 하는 정확한 기한을 기재하여야 한다.
   제시와 관련하여, 또는 지급인에 의해 서류가 인수되어야 하는 기한 또는 지급인에 의해 취해져야 하는 다른 조치에 관하여 "첫째", "신속한", "즉시" 또는 이와 유사한 표현은 사용되어서는 아니 된다. 만일 그러한 용어가 사용된 경우 은행은 이를 무시한다.
 ⓒ 서류는 접수한 원형대로 지급인에게 제시되어야 한다. 다만 은행이, 별도의 지시가 없는 한 추심을 의뢰한 당사자의 비용부담으로, 필요한 배서를 하거나 또는 추심업무상 관례적이거나 요구되는 고무인 또는 기타 인식 표지 또는 부호를 표시할 수 있도록 수권되어 있는 경우에는 그렇지 않다.
 ⓓ 추심의뢰인의 지시를 이행하기 위하여, 추심의뢰은행은 추심의뢰인이 지정한 은행을 추심은행으로 이용할 수 있다.
   그러한 지정이 없는 경우에 추심의뢰은행은 지급 또는 인수가 이루어지는 국가, 또는 기타 조건이 응하여지는 국가내에서 자신 또는 기타 은행이 선정한 모든 은행을 이용할 수 있다.
 ⓔ 서류와 추심지시서는 추심의뢰은행이 추심은행으로 직접 송부하거나, 다른 중개은행을 통하여 송부될 수 있다.
 ⓕ 추심의뢰은행이 특정 제시은행을 지정하지 아니한 경우에 추심은행은 자신이 선택한 제시은행을 이용할 수 있다.

Article 6   Sight/Acceptance

In the case of documents payably at sight the presenting bank must make presentation for payment without delay. In the case of documents payable at a tenor other than sight the presenting bank must, where acceptance is called for, make presentation for acceptance without delay, and where payment is called for, make presentation for payment not later than the appropriate maturity date.

Article 7   Release of Commercial Documents

Documents Against Acceptance(D/A) vs. Documents Against Payment(D/P)

ⓐ Collections should not contain bills of exchange payable at a future date with instructions that commercial documents are to be delivered against payment.

ⓑ If a collection contains a bill of exchange payable at a future date, the collection instruction should state whether the commercial documents are to be released to the drawee against acceptance(D/A) or against payment(D/P) in the absence of such statement commercial documents will be released only against payment and the collecting bank will not be responsible for any consequences arising out of any delay in the delivery of documents.

ⓒ If a collection contains a bill of exchange payable at a future date and the collection instruction indicates that commercial documents are to be released against payment, documents will be released only against such payment and the collecting bank will not be responsible for any consequences arising out of any delay in the delivery of documents.

Article 8   Creation of Documents

Where the remitting bank instructs that either the collecting bank or the drawee is to create documents(bill of exchange, promissory notes, trust receipts, letter of undertaking or other documents)that were not included in the collection, the form and wording of such documents shall be provided by the remitting bank;

otherwise the collecting bank shall not be liable or responsible for the form and wording of any such document provided by the collecting bank and/or the drawee.

D. Liabilities and Responsibilities

Article 9   Good Faith and Resonable Care

Banks will act in good faith and exercise reasonable care.

Article 10   Documents vs. Goods/Services/Performances

ⓐ Goods should not be despatched directly to the address of a bank or consigned to or to the order of a bank without prior agreement on the part of that bank. Nevertheless, in the event that goods are despatched directly to the address of a bank or consigned to or to the order of a bank for release to a drawee against payment or acceptance or upon other terms and conditions without prior agreement on the part of that bank, such bank shall have no obligation to take delivery of the goods, which remain at the risk and responsibility of the party dispatching the goods.

제6조 일람출급/인수

서류가 일람출급인 경우 제시은행은 지체 없이 지급을 위한 제시를 하여야 한다. 제시은행은 서류가 일람출급이 아닌 기한부지급조건으로 인수를 요하는 경우 지체 없이 인수를 위한 제시를, 그리고 지급을 요하는 경우에는 적절한 만기일 내에 지급을 위한 제시를 하여야 한다.

제7조 상업서류의 인도

인수인도(D/A) 대 지급인도(D/P)

ⓐ 추심에는 상업서류가 지급과 상환으로 인도되어야 한다는 지시와 함께 장래의 확정일 출급조건의 환어음을 포함시켜서는 안 된다.

ⓑ 추심이 장래의 확정일 출급조건의 환어음을 포함하는 경우에 추심지시서에는 상업서류가 지급인에게 인수인도(D/A)또는 지급인도(D/P)중 어느 조건으로 인도되어야 하는 지를 명시하여야 한다.

ⓒ 추심이 장래의 확정일 출급조건의 환어음을 포함하고 추심지시서에 상업서류는 지급과 상환으로 인도되어야 한다고 명시된 경우에는, 서류는 오직 그러한 지급에 대해서만 인도되고, 추심은행은 서류인도의 지연으로 기인하는 어떠한 결과에 대해서도 책임을 지지 아니한다.

제8조 서류의 작성

추심의뢰은행이 추심은행 또는 지급인에게 추심에 포함되어 있지 않은 서류(환어음, 약속어음, 수입화물대도증서, 약속증서 또는 기타 서류)를 작성할 것을 지시하는 경우에는 그러한 서류의 형식과 문구는 추심의뢰은행에 의해 제공되어야 한다; 그렇지 않은 경우 추심은행은 추심은행 및/또는 지급인에 의해 제공된 그러한 서류의 형식과 문구에 대하여 의무나 책임을 지지 아니한다.

D. 의무 및 책임

제9조 신의성실 및 상당한 주의

은행은 신의성실에 따라 행동하고 또 상당한 주의를 하여야 한다.

제10조 서류 대 물품/용역/이행

ⓐ 물품은 당해 은행의 사전동의 없이 어느 은행의 주소로 직접 발송되거나 은행에게 또는 은행의 지시인에게 탁송되어서는 아니 된다.

그럼에도 불구하고 물품이, 당해 은행의 사전동의 없이 지급인에게 지급인도, 인수인도, 또는 기타의 조건으로 인도하기 위하여 은행의 주소로 직접 발송되거나, 은행 또는 은행의 지시인에게 탁송되는 경우에 그와 같은 은행은 물품을 인수하여야 할 의무를 지지 아니하며 그 물품은 물품을 발송하는 당사자의 위험과 책임으로 남는다.

ⓑ Banks have no obligation to take any action in respect of the goods to which a documentary collection relates, including storage and insurance of the goods even when specific instructions are given to do so. Banks will only take such action if, when, and to the extent that they agree to do so in each case.

Notwithstanding the provisions of a sub—Article 1(c) this rule applies even in the absence of any specific advice to this effect by the collecting bank.

ⓒ Nevertheless, in the case that banks take action for the protection of the goods, whether instructed or not, they assume no liability or responsibility with regard to the fate and/or condition of the goods and/or for any acts and/or omissions on the part of any third parties entrusted with the custody and/or protection of the goods.

However the collecting bank must advise without delay the bank from which the collection instruction was received of any such action taken.

ⓓ Any charges and/or expenses incurred by banks in connection with any action taken to protect the goods will be for the account of the party from whom they received the collection.

ⓔ 1. Notwithstanding the provisions of sub—Article 10(a), where the goods are consigned to or to the order of the collecting bank and the drawee has honoured the collection by payment, acceptance or other terms and conditions, and the collecting bank arranges for the release of the goods, the remitting bank shall be deemed to have authorised the collecting bank to do so.

2. Where a collecting bank on the instructions of the remitting bank or in terms of sub—Article 10(e)1, arranges for the release of the goods, the remitting bank shall indemnify such collecting bank for all damages and expenses incurred.

Article 11 Disclaimer for Acts of an Instructed Party

ⓐ Banks utilising the services of another bank or other banks for the purpose of giving effect to the instructions of the principal, do so for the account and at the risk of such principal.

ⓑ Banks assume no liability or responsibility should the instructions they transmit not be carried out, even if they have themselves taken the initiative in the choice of such other bank(s)

ⓒ A party instructing another party to perform services shall be bound by and liable to indemnify the instructed party against all obligations and responsibilities imposed by foreign laws and usages.

ⓑ 은행은 화환추심과 관련된 물품에 대하여 특별한 지시를 받은 경우라 하더라고 물품의 보관, 물품에 대한 보험을 포함하여 어떠한 조치를 취할 의무가 없다. 은행은 그와 같이 하는 것을 동의한 경우 및 동의한 범위내에서 단지 그러한 조치를 취한다.

1조 c항의 규정에도 불구하고 본 규칙은 추심은행이 이와 같은 취지에 대하여 아무런 통지를 하지 않은 경우에도 적용된다.

ⓒ 그럼에도 불구하고, 은행이 지시를 받았는지의 여부와는 상관없이, 그 물품의 보전을 위해 조치를 취할 경우, 은행은 그 물품의 보전 결과 및/또는 물품의 상태 및/또는 물품의 보관 및/또는 보전을 수탁한 어떠한 제3자측의 모든 작위 및/또는 부작위에 대하여 아무런 의무나 책임을 지지 아니한다.

그러나, 추심은행은 추심지시서를 송부한 은행에게 그러한 조치의 내용을 지체없이 통지하여야 한다.

ⓓ 물품을 보전하기 위하여 취해진 조치와 관련하여 은행에게 발생한 모든 수수료 및/또는 비용은 추심을 송부한 당사자의 부담으로 한다.

ⓔ 1. 10조 a항의 규정에도 불구하고, 물품이 추심은행에게 또는 추심은행의 지시인에게 탁송되고, 지급인이 지급, 인수 또는 기타조건으로 추심을 인수하고, 추심은행이 물품의 인도를 주선하는 경우에는, 추심의뢰은행이 추심은행에게 그렇게 하도록 수권한 것으로 간주한다.

2. 추심은행이 추심의뢰은행의 지시에 의거하여 또는 전항의 e항 1호와 관련하여 물품의 인도를 주선하는 경우, 추심의뢰은행은 그 추심은행에게 발생한 모든 손해와 비용을 보상하여야 한다.

제11조 지시받은 당사자의 행위에 대한 면책

ⓐ 추심의뢰인의 지시를 이행할 목적으로 그 밖의 은행 또는 다른 은행의 서비스를 이용하는 은행은 그 추심의뢰인의 비용과 위험부담으로 이를 행한다.

ⓑ 은행은 자신이 전달한 지시가 이행되지 않는 경우에도 아무런 의무 또는 책임을 지지 아니하며, 그 은행 자신이 그러한 다른 은행의 선택을 주도한 경우에도 그러한다.

ⓒ 다른 당사자에게 서비스를 이행하도록 지시하는 당사자는 외국과 법률과 관행에 의하여 부과되는 모든 의무와 책임을 져야하며, 또 이에 대하여 지시받은 당사자에게 보상하여야 한다.

Article 12 Disclaimer on Documents Received

ⓐ Banks must determine that the documents received appear to be as listed in the collection instruction and must advise by telecommunication or, if that is not possible, by other expedition means, without delay, the party from whom the collection instruction was received of any documents missing, or found to be other than listed. Banks have further obligation in this respect.

ⓑ If the documents do not appear to be listed, the remitting bank shall be precluded from disputing the type and number of documents received by the collecting bank.

ⓒ Subject to sub−Article 5(c) and sub−Article 12(a) and 12(b) above, banks will present documents as received without further examination.

Article 13 Disclaimer on Effectiveness of Documents

Banks assume no liability or responsibility for the form, sufficiency, accuracy, genuineness, falsification or legal effect of any document(s), or for the general and/or particular conditions stipulated in the document(s) or superimposed thereon;

nor do they assume any liability or responsibility for the description, quantity, weight, quality, condition, packing, delivery, value or existence of the goods represented by any document(s), or for the goods faith or acts and/or omission, solvency, performance or standing of the consignors, the carriers, the forwarders, the consignees or the insurers of the goods, or any other person whomever.

Article 14 Disclaimer on Delays, Loss in Transit and Translation

ⓐ Banks assume no liability or responsibility for the consequences arising out of delay and/or loss in transit of any message(s), letter(s) or document(s), or for delay, mutilation or other error(S) arising in transmission of any telecommunication or for error(s) in translation and/or interpretation of technical terms.

ⓑ Banks will not be liable or responsible for any delays resulting from the need to obtain clarification of any instructions received.

Article 15 Force Majeure

Banks assume no liability or responsibility for consequences arising out of the interruption of their business by Acts of God, riot, civil commotions, insurrections, wars, or any other causes beyond their control or by strikes or lockouts.

E. Payment

Article 16 Payment Without Delay

ⓐ Amounts collected (less charges and/or disbursements and/or expenses where applicable) must be made available without delay to the party from whom the collection instruction was received in accordance with the terms and conditions of the collection instruction.

ⓑ Notwithstanding the provisions of sub−Article 1(c), and unless otherwise agreed, the collecting bank will effect payment of the amount collected in favour of the remitting bank only.

제12조 접수된 서류에 대한 면책

ⓐ 은행은 접수된 서류가 외관상 추심지시서에 기재된 대로 있는가를 확인하여야 하며, 또 누락되거나 기재된 것과 다른 서류에 대하여 지체없이 전신으로, 이것이 가능하지 않은 경우에는 다른 신속한 수단으로 추심지시서를 송부한 당사자에게 통지하여야 한다.

은행은 이와 관련하여 더 이상의 의무를 지지 아니한다.

ⓑ 만일 외관상 서류의 목록이 기재되어 있지 아니한 경우, 추심의뢰은행은 추심은행에 의해 접수된 서류의 종류와 통수에 대하여 다룰 수 없다.

ⓒ 5조 c항 그리고 12조 a항과 12조 b항에 따라, 은행은 더 이상의 심사없이 서류를 접수된 대로 제시한다.

제13조 서류의 효력에 대한 면책

은행은 어떠한 서류이든 그 형식, 충분성, 정확성, 진정성, 위조 또는 법적 효력에 대하여, 또는 서류상에 명기 또는 부기된 일반조건 및/또는 특별조건에 대하여 어떠한 의무나 책임을 지지 않으며 ;

또한 은행은 어떠한 서류에 의해 표시되어 있는 물품의 명세, 수량, 중량, 품질, 상태, 포장, 인도, 가치 또는 존재에 대하여, 또는 물품의 송화인, 운송인, 운송주선인, 수화인, 또는 보험자 또는 기타 당사자의 성실성, 작위 및/또는 부작위, 지급능력, 이행 또는 신용상태에 대하여 어떠한 의무나 책임을 지지 아니한다.

제14조 운송 및 번역중의 지연, 멸실에 대한 면책

ⓐ 은행은 모든 통보, 서신, 또는 서류의 송달중의 지연 및/또는 멸실로 인하여 발생하는 결과, 또는 모든 전신의 송달중에 발생하는 지연, 훼손에서 오는 기타의 오류, 또는 전문용어의 번역 및/또는 해석상의 오류에 대하여 어떠한 의무나 책임을 지지 아니한다.

ⓑ 은행은 접수된 지시의 명확성을 기하기 위한 필요에서 기인하는 어떠한 지연에 대해서도 책임을 지지 아니한다.

제15조 불가항력

은행은 천재, 폭동, 소요, 반란, 전쟁 또는 기타 은행이 통제할 수 없는 원인에 의하거나, 또는 동맹파업 또는 직장폐쇄에 의하여 은행업무가 중단됨으로써 발생하는 결과에 대하여 어떠한 의무나 책임을 지지 아니한다.

E. 지 급

제16조 지연 없는 지급

ⓐ 추심금액(해당되는 경우 수수료 및/또는 지출금 및/또는 비용을 공제하고)은 추심지시서의 조건에 따라 추심지시서를 송부한 당사자에게 지체없이 지급되어야 한다.

ⓑ 1조 c항의 규정에도 불구하고, 별도의 합의가 없는 경우에는 추심은행은 오직 추심의뢰은행 앞으로 추심금액의 지급을 행한다.

Article 17 Payment in Local Currency

In the case of documents payable in the currency of the country of payment (local currency), the presenting bank must, unless otherwise instructed in the collection instruction, release the documents to the drawee against payment in local currency only if such currency is immediately available for disposal in the manner specified in the collection instruction.

Article 18 Payment in Foreign Currency

In the case of documents payable in a currency other than that of the country of payment (foreign currency), the presenting bank must, unless otherwise instructed in the collection instruction, release the documents to the drawee against payment in the designated foreign currency only if such foreign currency can immediately be remitted in accordance with the instructions given in the collection instruction.

Article 19 Partial Payments

ⓐ In respect of clean collections, partial payments may be accepted if and to the extent to which and on the conditions on which partial payments are authorised by the law in force in the place of payment. the financial document(s) will be released to the drawee only when full payment thereof has been received.

ⓑ In respect of documentary collections, partial payments will only be accepted if specifically authorised in the collection instruction. however, unless otherwise instructed, the presenting bank will release the documents to the drawee only after full payment has been received, and the presenting bank will not be responsible for any consequences arising out of any delay in the delivery of documents.

ⓒ In all cases partial payments will be accepted only subject to compliance with the provisions of either Article 17 or Article 18 as appropriate. partial payment, if accepted, will be dealt with in accordance with the provisions of Article 16.

F. Interest, Charges and Expenses
Article 20 Interest

ⓐ If the collection instruction specifies that interest is to be collected and the drawee refuses to pay such interest, the presenting bank may deliver the document(s) against payment or on other terms and conditions as the case may be, without collecting such interest, unless sub－Article 20(c) applies.

ⓑ Where such interest is to be collected, the collection instruction must specify the rate of interest, interest period and basis of calculation.

ⓒ Where the collection instruction expressly states that interest may not be waived and the drawee refuses to pay such interest the presenting bank will not deliver documents and will not be responsible for any consequences arising out of any delay in the delivery of document(s). when payment of interest has been refused, the presenting bank must inform by telecommunication or, if that is not possible, by other expeditious means without delay the bank from which the collection instruction was received.

제17조 내국통화에 의한 지급

지급국가의 통화(내국통화)로 지급할 수 있는 서류의 경우, 제시은행은 추심지시서에 별도의 지시가 없는 한, 내국통화가 추심지시서에 명시된 방법으로 즉시 처분할 수 있는 경우에만 내국통화에 의한 지급에 대하여 지급인에게 서류를 인도하여야 한다.

제18조 외국통화에 의한 지급

지급국가의 통화 이외의 통화 (외국통화)로 지급할 수 있는 서류의 경우, 제시은행은 추심지시서에 별도의 지시가 없는 한, 지정된 외국통화가 추심지시서의 지시에 따라 즉시 송금될 수 있는 경우에 한하여 그 외국통화에 의한 지급에 대하여 지급인에게 서류를 인도하여야 한다.

제19조 분할지급

ⓐ 무화환추심에 있어서 분할 지급은 지급지의 유효한 법률에 의하여 허용되는 경우 그 범위와 조건에 따라 인정될 수 있다. 금융서류는 그 전액이 지급되었을 때에 한하여 지급인에게 인도한다.

ⓑ 화환추심에 있어서, 분할 지급은 추심지시서에 특별히 수권된 경우에만 인정된다. 그러나 별도의 지시가 없는 한, 제시은행은 그 전액을 지급받은 후에 지급인에게 서류를 인도하며, 제시은행은 서류인도의 지연에서 야기되는 어떠한 결과에 대해서도 책임을 지지 아니한다.

ⓒ 모든 경우에 있어서 분할 지급은 제17조 또는 제18조의 해당되는 규정에 따라서만 허용된다.

분할지급이 허용되는 경우 제16조의 규정에 따라 처리되어야 한다.

F. 이자, 수수료 및 비용

제20조 이자

ⓐ 추심지시서에서 이자가 추심되어야 함을 명시하고 지급인이 그 이자의 지급을 거절할 경우에는 20조 c항에 해당되지 아니하는 한 제시은행은 그 이자를 추심하지 아니하고 서류를 경우에 따라 지급인도 또는 인수인도, 또는 기타의 조건으로 인도할 수 있다.

ⓑ 그 이자가 추심되어야 하는 경우, 추심지시서에는 이자율, 이자지급기간과 계산근거를 명시하여야 한다.

ⓒ 추심지시서가 이자는 포기될 수 없음을 명확하게 기재하고 또한 지급인이 그 이자의 지급을 거절하는 경우, 제시은행은 서류를 인도하지 아니하며, 서류인도의 지연에서 비롯되는 어떠한 결과에 대해서도 책임을 지지 아니한다. 이자의 지급이 거절되었을 경우, 제시은행은 전신, 또는 그것이 가능하지 않은 경우에는 다른 신속한 수단으로 지체없이 추심지시서를 송부한 은행에 통지하여야 한다.

Article 21 Charges and Expenses

ⓐ If the collection instruction specifies that collection charges and/or expenses are to be for account of the drawee and the drawee refuses to pay them, the presenting bank may deliver the document(s) against payment or acceptance or on other terms and conditions as the case may be, without collecting charges and/or expenses, unless sub—Article21(b)applies.

Whenever collection charges and/or expenses are so waived they will be for the account of the party from whom the collection was received and may be deducted from the proceeds.

ⓑ where the collection instruction expressly states that charges and/or expenses may not be waived and the drawee refuses to pay such charges and/or expenses, the presenting bank will not deliver documents and will not be responsible for any consequences arising out of any delay in the delivery of the document(s). When payment of collection charges and/or expenses has been refused the presenting bank must inform by telecommunication or, if that is not possible, by other expeditious means without delay the bank from which the collection instruction was received.

ⓒ In all cases where in the express terms of a collection instruction or under these rules, disbursements and/or expenses and/or collection charges are to be borne by the principal, the collecting bank(s) shall be entitled to recover promptly outlays in respect of disbursements, expenses and charges from the bank from which the collection instruction was received, and the remitting bank shall be entitled to recover promptly from the principal any amount so paid out by it, together with its own disbursements, expenses and charges, regardless of the fate of the collection.

ⓓ Banks reserve the right to demand payment of charges and/or expenses in advance from the party from whom the collection instruction was received to cover costs in attempting to carry out any instructions, and pending receipt of such payment, also reserve the right not to carry out such instructions.

G. Other Provisions

Article 22 Acceptance

The presenting bank is responsible for seeing that the form of the acceptance of a bill of exchange appears to be complete and correct, but is not responsible for the genuineness of any signature or for the authority of any signature to sing the acceptance.

Article 23 Promissory Notes and Other Instruments

The presenting bank is not responsible for the genuineness of any signature or for the authority of any signature to sign a promissory note, receipt, or other instruments.

Article 24 Protest

The collection instruction should give specific instructions regarding protest(or other legal process in lieu thereof), in the event of non—payment or non—acceptance.

제21조 수수료 및 비용

ⓐ 추심지시서에 추심수수료 및/또는 비용은 지급인의 부담으로 명시하고 있으나 그 지급인이 이의 지급을 거절하는 경우에는 제시은행은 21조 b항에 해당하지 아니하는 한 수수료 및/또는 비용을 추심하지 아니하고 경우에 따라서 지급인도, 인수인도, 또는 기타 조건으로 서류를 인도할 수 있다.

추심수수료 및/또는 비용이 포기된 경우, 이는 추심을 송부한 당사자의 부담으로 하며 대금에서 공제될 수 있다.

ⓑ 추심지시서에 수수료 및/또는 비용은 포기될 수 없음을 명확하게 기재하고 지급인이 수수료 및 비용의 지급을 거절하는 경우, 제시은행은 서류를 인도하지 아니하며, 서류인도의 지연에서 비롯되는 어떠한 결과에 대해서도 책임을 지지 아니한다. 추심 수수표 및/또는 비용의 지급이 거절되었을 경우 제시은행은 전신, 또는 그것이 가능하지 않은 경우에는, 다른 신속한 수단으로 지체없이 추심지시서를 송부한 은행에 통지하여야 한다.

ⓒ 추심지시서에 명시된 조건에 의하거나 또는 이 규칙하에서 지출금 및/또는 비용 및/또는 추심수수료를 추심의뢰인의 부담으로 하는 모든 경우에 있어서 추심은행은 지출금, 비용 및 수수료와 관련한 지출경비를 추심지시서를 송부한 은행으로부터 즉시 회수할 권리를 가지며, 추심의뢰은행은 추심의 결과에 관계없이 자행이 지급한 지출금, 비용 및 수수료를 포함하여 이렇게 지급한 모든 금액을 추심의뢰인으로부터 즉시 상환받을 권리가 있다.

ⓓ 은행은 어떤 지시를 이행하려고 시도하는 데 있어서의 경비를 충당하기 위하여 추심지시서를 송부한 당사자에게 수수료 및/비용의 선지급을 요구할 권리를 보유하며, 그 지급을 받을 때까지, 또한 그 지시를 이행하지 아니 할 권리를 보유한다.

G. 기타 규정

제22조 인수

제시은행은 환어음의 인수의 형식이 외관상 완전하고 정확한지를 확인하여야 할 책임이 있다. 그러나 제시은행은 어떠한 서명의 진정성이나 인수의 서명을 한 어떠한 서명인의 권한에 대하여 책임을 지지 아니한다.

제23조 약속어음 및 기타 증서

제시은행은 어떠한 서명의 진정성 또는 약속어음, 영수증, 또는 기타 증서에 서명을 한 어떠한 서명인의 권한에 대하여 책임을 지지 아니한다.

제24조 거절증서

추심지시서에는 인수거절 또는 지급거절의 경우에 있어서의 거절증서(또는 이에 갈음하는 기타 법적 절차)에 관한 특정한 지시를 명기하여야 한다.

In the absence of such specific instructions, the banks concerned with the collection have no obligation to have the document(s) protest (or subjected to other legal process in lieu thereof) for non−payment or non−acceptance.

Any charges and/or expenses incurred by banks in connection with such protest, or other legal process, will be for the account of the party from whom the collection instruction was received.

Article 25   Case − of − Need

If the principal nominates a representative to act as case−of−need in the event of non−payment and/or non−acceptance the collection instruction should clearly and fully indicate the powers of such case−of−need. In the absence of such indication banks will not accept any instructions from the case−of−need.

Article 26   Advices

Collecting banks are to be advise fate in accordance with the following rules:

ⓐ Form of Advice

All advices or information from the collecting bank to the bank from which the collection instruction was received, must bear appropriate details including, in all cases, the latter bank's reference as stated in the collection instruction.

ⓑ Method of Advice

It shall be the responsibility of the remitting bank to instruct the collecting bank regarding the method by which the advices detailed in sub−Article (c)1, (c)2 and c(3) are to be given. In the absence of such instructions, the collecting bank will send the relative advices by the method of its choice at the expense of the bank from which the collection instruction was received.

ⓒ 1. Advice of Payment

The collecting bank must send without delay advice of payment to the bank from which the collection instruction was received, detailing the amount or amounts collected, charges and/or disbursements and/or expenses deducted, where appropriate, and method of disposal of the funds.

2. Advice of Acceptance

The collecting bank must send without delay advice of acceptance to the bank from which the collection instruction was received.

3. Advice of Non−Payment and/or Non−Acceptance

The presenting bank should endeavour to ascertain the reasons for non−payment and/or non−acceptance and advise accordingly, without delay, the bank from which it received the collection instruction. The presenting bank must send without delay advice of non−payment and/or advice of non−acceptance to the bank from which it received the collection instruction. On receipt of such advice the remitting bank must give appropriate instructions as to the further handling of the documents. If such instructions are not received by the presenting bank within 60days after its advice of non−payment and/or non−acceptance, the documents may be returned to the bank from which the collection instruction was received without any further responsibility on the part of the presenting bank.

이러한 특정한 지시가 없을 경우 추심에 관하여는 은행은 지급거절 또는 인수거절에 대하여 서류의 거절증서를 작성하여야 할(또는 이에 갈음하는 법적절차를 취해야 할) 의무를 지지 아니한다.

이러한 거절증서 또는 기타 법적 절차와 관련하여 은행에게 발생하는 모든 수수료 및/또는 비용은 추심지시서를 송부한 당사자의 부담으로 한다.

제25조 예비지급인

추심의뢰인이 인수저절 및/또는 지급거절에 대비하여 예비지급인으로서 행동할 대리인을 지명하는 경우에는, 추심지시서에 그러한 예비지급인의 권한에 대하여 명확하고 완전한 지시를 하여야 한다. 이러한 지시가 없는 경우 은행은 예비지급인으로부터의 어떠한 지시에도 응하지 아니한다.

제26조 통지

추심은행은 다음의 규칙에 따라 추심결과를 통지하여야 한다:

ⓐ 통지형식

추심은행이 추심지시서를 송부한 은행으로 보내는 모든 지시 또는 정보에는 항상 추심지시서에 기재된 대로 추심지시서 송부은행의 참조번호를 포함한 적절한 명세가 기재되어야 한다.

ⓑ 통지방법

추심의뢰은행은 추심은행에게 c항1호, c항 2호 및 c항3호에 상술된 통지가 행해져야 하는 방법을 지시하여야 할 의무가 있다. 이러한 지시가 없는 경우, 추심은행은 자신이 선택한 방법으로 추심지시서를 송부한 은행의 부담으로 관련된 통지를 보낸다.

ⓒ 1. 지급통지

추심은행은 추심지시서를 송부한 은행에게 추심금액, 충당한 경우 공제한 수수료 및/또는 지출금 및/또는 비용 및 그 자금의 처분방법을 상술한 지급통지를 지체없이 송부하여야 한다.

2. 인수통지

추심은행은 추심지시서를 송부한 은행으로 인수통지를 지체없이 송부하여야 한다.

3. 지급거절 및/또는 인수거절통지

제시은행은 추심지시서를 송부한 은행에게 지급거절 또는 인수거절의 사유를 확인하기 위하여 노력하고 그 결과를 지체 없이 통지하여야 한다.

제시은행은 추심지시서를 송부한 은행에게 지급거절 및/또는 인수거절의 통지를 지체없이 송부하여야 한다.

추심의뢰은행은 이러한 통지를 받는 대로 향후의 서류취급에 대한 적절한 지시를 하여야 한다. 제시은행은 이러한 지급거절 및/또는 인수거절을 통지한 후 60일 이내에 이러한 지시를 받지 못한 경우에 제시은행 측에 더 이상의 책임 없이 서류를 추심지시서를 송부한 은행으로 반송할 수 있다.

경찰청 사이버안전국, "전체 사이버범죄 발생·검거 현황", 경찰청 사이버범죄통계자료 2019(http://cyberbureau.police.go.kr), 2019년 상반기 사이버위협 분석보고서, 2020.

과학기술정보통신부, "정보보호종합계획 2019", 과학기술정보통신부, 2019.

산업통상자원부 정책브리핑, "전자무역 활성화"(https://www.motie.go.kr/motie/py/brf/motiebriefing/motiebriefing3.do?brf_code_v=3#header)

서울경제신문, "무역대금 사기 나이지리아인 일당 검거", 2016. 3.03

시큐리티월드, "컴퓨터 바이러스 지속 증가세", 보안뉴스, 2015. 12.09

중앙일보, "데이터 막아놓고 매주 85건씩 협박", 2016. 7.01.

_____, "시스템 아닌 관리자 정보빼내 악성코드 심어 사이버 공격", 2016. 5.22.

한국은행, "외환시장과 외환제도"(https://www.bok.or.kr/portal/main/contents.do?menuNo=200406)

Kaspersky '2019년 IT 보안 경제' 보고서, 2019.

KOTRA, "무역사기 유형별 대표사례 및 대응책", KOTRA GLOBAL REPORT, 2017.

_____, "무역사기사례", 2019.

정재환, "전자무역계약에 적용되는 국제적인 사법규범에 관한 연구", 무역상무연구, 한국무역상무학회, 2011. 02.

_____, 무역대금결제 리스크관리의 체계화에 관한 연구 − 전자결제를 중심으로 −, 무역상무연구, 한국무역상무학회, 2019. 04.

일본문헌 및 자료

NTTデータ, 『電子契約導入のすすめ─企業間電子商取引のための』, ソフトリサーチセンター, 2004.

龜井利明, 『危機管理とリスクマネジメント』, 同文館, 2001.

國際取引法 阿都道明 구주대 출판부, 2012

堀米 明·小山洋明·東 聰,『貿易金融EDI』, 東洋經濟新報社, 2002

唐澤宏明,『國際取引』, 同文館出版, 2003.

藤田榮一,『海外ビジネス危機管理』, ばる出版, 2003.

來住哲二,『基本貿易實務』, 同文館, 2001.

本山美彦 編,『世界経済論』, ミネルヴァ書房, 2006

浜谷源蔵,『貿易実務入門』, 同文舘出版, 2007

山田鐐一·佐野 寛,『國際取引法』, 有斐閣, 2005.

三菱綜合研究所 政策工學部(編集),『リスクマネジメントガイド』, 2000.

柴原友範, 江尻武之, 石川雅啓,『実践貿易実務』, ジェトロ 編, 2008

日本貿易振興機構(https://www.jetro.go.jp/elearning/gaiyou/kiso/)

椿弘次,『入門貿易実務』, 日本経済新聞出版社, 2008

八尾晃,『貿易取引の基礎』, 東京経済情報出版, 2007

영미문헌 및 자료

Anderson, R.J. Security Engineering: a Guide to Building Dependable Distributed Systems 2nd ed, Indianapolis, IN: Wiley, 2018.

Brynjolfsson, E., and McAfee, A and Spence, A., "New World Order Labor, Capital, and Ideas in the Power Law Economy", Foreign Affairs, July/August 2014

Cisco, "Top insights from the Cisco 2017 Annual Cybersecurity Report", Cisco Annual Cybersecurity Report", 2017(https:// www.cisco.com/c/en_za/index.html).

Deloitte Assessing cyber risk Critical questions for the board and the C−suite, 2020.

FBI, "Ransomware on the Rise", FBI NEWS January 20, 2015(www.fbi.gov/news/ stories/ransomware−on−the−rise)

Giandomenico, Nena., "What is Spear−phishing? Defining and Differentiating Spear−phishing from Phishing",(https://digitalguardian.com, 2019(https://digitalguardian.com/blogwhats−spearphishing-defining−and−differentiating−spear−phishing−and−phishing).

J. Haynes & R. I. Mehr, B. A. Hedges, Risk Management in the Business Enterprise, 1963, pp.3－11.

López, J. González and Agnès, M, "Digital Trade : Developing a Framework for Analysis", OECD Trade Policy Papers 205, OECD, 2017.

Mandt, E J., "Integrating Cyber－Intelligence Analysis and Active", Cyber－Defence, Journal of Information Warfare, Vol. 16, No. 1, 2017.

Maynard & B. A. Hedges, *Risk Management to Business Management*, 1951.

Moore, P. G., *The Business of Risk*, Cambridge University. Press., 1983, p. 2.

McKinsey, "Cybersecurity and the risk function", 2018.

_____, "Global Institute, Digital globalization: The new era of global flows", McKinsey February Report, 2015.

_____, "A new posture for cybersecurity in a networked world", 2018.

_____, "The risk－based approach to cybersecurity", 2019.

_____, "Enhanced cyberrisk reporting: Opening doors to risk－based cybersecurity", 2020.

, "Risk and responsibility in a hyperconnected world: Implications for enterprises", McKinsey January Report, 2014.

OECD, "Digital Security Risk Management for Economic and Social Prosperity", OECD Recommendation and Companion Document, OECD, 2015.

_____, *"Digital Security Risk Management for Economic and Social Prosperity", OECD Recommendation and Companion Document, OECD, 2015.*

Spence, Michael., "New World OrderLabor, Capital, and Ideas in the Power Law Economy", Foreign Affairs, 2014.

The World Economic Forum, "Why cyber resilience should be a priority for every business － and how to get there", 2020.

USITC, "Global Digital Trade : Market Opportunities and Key Foreign Trade Restrictions", *USITC Publication Number: 4716*, 2017.

Verizon, "2019 Data Breach Investigations Report", 2019.

저자소개

이봉수

저자는 성균관대학교 경상대학 무역학과를 졸업하고 미국 University of Hartford대학교에서 경영학석사, 성균관대학교 일반대학원 무역학과에서 경영학박사 학위를 취득하였다. 1986년부터 Pacific Stars & Stripes(성조지) 신문사 취재기자를 거쳐 삼성, SK, 두산에서 수출입 및 마케팅 업무를 담당하였으며, 현재 단국대학교 상경대학 무역학과 교수로 재직 중이다.

한국무역상무학회, 한국관세학회, 한국통상정보학회, 국제 e-비즈니스학회 등에서 부회장을 역임하고 한국무역학회 부회장 및 국문지 편집위원장, 한국해양비즈니스학회 회장으로 활동하였다. 무역실무 및 국제마케팅에 관련하여 국내외 주요 학술지에 다수의 국·영문 연구논문이 실렸고, 저서로는 사이버 무역론(형설출판사, 2002), 글로벌 무역학원론(도서출판 두남, 2006), 전자무역론(도서출판 두남, 2012)을 발간한 바 있다.

정재환

경북사대부고를 졸업하고 성균관대학교에서 경제학사, 경제학석사, 경영학박사 학위를 취득하였다. 한국전력공사, ㈜삼아코리아 수출부에서 근무하면서 기업의 리스크관리와 무역실무를 익혔다. 2006년부터는 성균관대학교 경제대학에서 겸임, 초빙교수로 '국제통상론'을 주로 강의를 했으며, 현재는 단국대학교 무역학과에서 강의하고 있다.

무역결제론

초판발행	2020년 9월 20일
지은이	이봉수·정재환
펴낸이	안종만·안상준
편 집	전채린
기획/마케팅	장규식
표지디자인	이미연
제 작	우인도·고철민
펴낸곳	(주) **박영사**
	서울특별시 종로구 새문안로3길 36, 1601
	등록 1959. 3. 11. 제300-1959-1호(倫)
전 화	02)733-6771
f a x	02)736-4818
e-mail	pys@pybook.co.kr
homepage	www.pybook.co.kr
ISBN	979-11-303-1111-1 93320

정 가   16,000원